479
2
/08

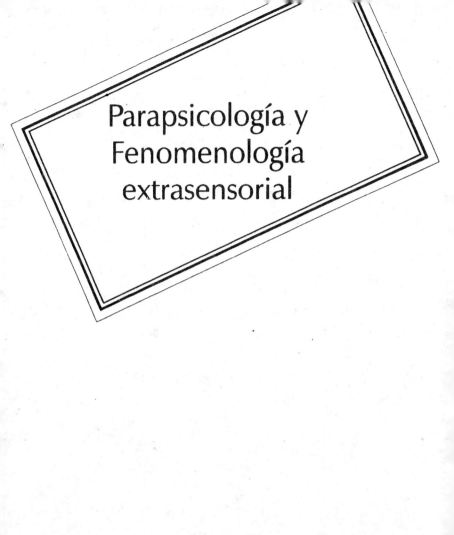
# Parapsicología y Fenomenología extrasensorial

# Parapsicología y Fenomenología extrasensorial

Dr. P. Steimmer

*editores mexicanos unidos, s.a.*

© **EDITORES MEXICANOS UNIDOS, S.A.**
Luis González Obregón 5-B
C.P. 06020 TELS. 521-88-70 al 74
Fax. 512-85-16
Miembro de la Cámara Nacional de
la Industria Editorial. Reg. Núm. 115

La presentación y composición tipográficas,
son propiedad de los editores.

ISBN: 968-15-1098-4

1a. Edición junio, 1996.

IMPRESO EN MEXICO
*PRINTED IN MEXICO*

# 1

# La Parapsicología

LA PARAPSICOLOGÍA es la ciencia que trata de los fenómenos relacionados con la mente o la personalidad del hombre y que no pueden ser explicados por medio de la psicología corriente.

La investigación de los fenómenos parapsíquicos ha demostrado ampliamente que en el ser humano existe un grupo definido de fenómenos naturales controlados por una serie de leyes conexas que, sin embargo, no se basan en ninguna influencia energética conocida hasta ahora por el hombre. Es decir, unos fenómenos causados por una nueva forma de energía que aún es desconocida por la física. Y este descubrimiento es el campo en el que se mueve la parapsicología.

La palabra parapsicología es una invención del profesor Joseph B. Rhine, que ejercía en la Universidad de Duke. Se necesitaba una palabra para distinguir los fenómenos no ajustados al esquema convencional de la psicología y que, sin embargo, resultaban reales en términos científicos. En griego, *para* significa *más allá* por consiguiente, parapsicología quiere decir más allá de la psicología.

El profesor Rhine ya había inventado antes el término ESP, que denomina hoy la *extra sensory perception;* término que no se conocía hace poco más de treinta años, pero que sirvió para denominar unos fenómenos paranormales que en buena medida se conocían desde tiempos antiguos.

Los fenómenos paranormales son aquellos que van más allá de la norma, de lo normal. Sin embargo, debe tenerse en cuenta que lo que hoy se considera normal o corriente, hace años, o tal vez siglos, pudo haberse tenido por sobrenatural.

La ciencia nunca se estanca, y lo que hoy tenemos por cierto, posiblemente no lo sea en el futuro para aquellos seres que siguen nuestras huellas. Por esta misma razón, lo que hoy consideramos percepción extrasensorial puede convertirse en algo normal y corriente en el futuro.

Por ejemplo, se sabe que desde la más remota antigüedad existieron personas dotadas de una especial y extraña habilidad que les permitía influir en el ámbito que las rodeaba mediante la simple *fuerza del pensamiento*. Tales individuos eran capaces de obtener información acerca de acontecimientos lejanos, predecir inesperados sucesos, e incluso influían de forma factible y directa en hechos de su entorno, y siempre sucedía a través de sentidos que no eran normales.

Esta forma de percepción extrasensorial se ha conocido, vulgarmente, como el "sexto sentido", que se ha manifestado en el hombre de todos los tiempos; pero este sexto sentido sólo actuaba en virtud de ciertos estímulos.

La teoría del sexto sentido sostiene que además de los cinco sentidos que se conocen, se posee otro más, que resulta un misterio; y ha creado grandes problemas a los psicólogos, psiquiatras, médicos y hasta al mismo hombre de la calle. No se alcanza a comprender que lo imposible se convierta en algo posible. Al menos, ésta ha sido la teoría predominante durante muchos años.

Hoy, sin embargo, puede afirmarse que ese sexto sentido no existe. Lo que vulgarmente se conoce por *fenómenos del sexto sentido,* sólo son cosas compatibles con los cinco sentidos, pero que van más allá de las *limitaciones normales* de dichos sentidos. A esto se le conoce como percepción extrasensorial: lo que va más allá de lo que corrientemente se tiene por posible. Es decir, un fenómeno natural y no sobrenatural, dado que cada uno de los cinco sentidos de cada individuo es capaz de mucho más de lo que corrientemente se desarrolla y se usa.

Esta extraordinaria capacidad de percepción puede ser inducida (como se verá más adelante), y otras veces se revela como algo natural. Es decir, puede uno entrenarse y adquirir esa cualidad, o poseerla como don natural y propio. Cualquier cosa que existe, que ha sido observada y comprobada, es una cosa natural, aunque vulnere viejos conceptos o algunas leyes de la ciencia.

La historia de los pueblos da noticia, en versiones diversas e insistentes, sobre facultades y fenómenos raros, que a menudo se exageraban y se contaban con un acentuado sabor a misterio: presagios y presentimientos sobre acontecimientos importantes; sueños clarividentes; relatos sobre misteriosas actuaciones que realizaban en los pueblos primitivos los chamanes o magos, individuos que se les suponía dotados de una capacidad para influir sobre las personas, los elementos o los animales, mediante la celebración de diversas ceremonias mágicas.

En épocas más próximas se encuentran los faquires hindúes y los miembros de algunas sectas religiosas, practicantes del ascetismo, y cuya fuerte voluntad o poder de pensamiento les facultaba para influir sobre sus funciones corporales. La creencia de un milagroso poder curativo emanado de ciertas personas o de diversos lugares santos; las facultades procedentes de algunas prácticas populares, como la localización de corrientes subterráneas de agua y de riquezas minerales, por medio de la vírgula o del llamado péndulo sideral; la adivinación del futuro, mediante la bola de cristal o los posos del café; y otras cosas por el estilo, sin olvidarse de las historias de fantasmas, de casas encantadas, de apariciones o de mensajes de los muertos.

Todos estos fenómenos y relatos de sucesos extrañamente variados y sorprendentes han sido objeto de estudio y análisis, pudiendo ser clasificados, según sus efectos, en dos grandes grupos, en los que a su vez es importante distinguir los fenómenos que se producen en forma inconsciente (sin que intervenga la voluntad), y los que pueden ser provocados volitivamente.

Dentro del primer grupo se encuentran los fenómenos que obtienen información acerca del mundo exterior, al margen de los canales sensoriales normales, y se les denomina de la siguiente forma:

*Clarividencia o paragnosia:* Es la facultad de ver a través de los cuerpos opacos.

*Telepatía:* Es la posibilidad de poder captar el pensamiento de otras personas; es decir, la recepción extrasensorial de los procesos mentales y de las experiencias de otras personas.

*Precognición, premonición o proscopia:* Es la facultad de predecir un acontecimiento que todavía no ha sucedido; es decir, que esta forma de percepción extrasensorial, puede traspasar la barrera del tiempo, y las personas que están dotadas de dicha facultad son capaces —bajo ciertas circunstancias—, de obtener información acerca de acontecimientos futuros sin que intervengan los sentidos conocidos ni el razonamiento mental.

En el segundo gran grupo se encuentra otra serie de fenómenos, no menos increíbles, pero que son visibles o detectables al margen de las influencias energéticas conocidas.

*Telecinesia y psicoquinesis:* La facultad que permite la exteriorización de las vibraciones psíquicas, logrando desplazar con ellas objetos inanimados; es decir, movimiento de objetos a distancia sin el concurso de ninguna fuerza física detectable.

*Levitación:* La facultad de producir efectos antigravitacionales; es decir, la posibilidad de levantarse en el aire y vagar por el espacio sin que aparentemente intervenga ningún factor físico.

Los cambios en el estado de la masa; las transformaciones de energía, y la influencia sobre reacciones químicas y sobre procesos biológicos, son otras tantas maneras de mostrar los poderes de concentración mental originando efectos casi increíbles sin que exista ninguna causa física conocida.

Uno de los ejemplos más difundidos últimamente sobre este particular, son las demostraciones televisivas de Uri Geller, doblando y partiendo llaves, cucharas, y haciendo funcionar relojes parados. Sus demostraciones en la televisión mexicana y española y las no menos sorprendentes realizadas ante la BBC londinense, lo han convertido en los últimos tiempos en el personaje más discutido y asombroso del espectacular mundo de la parapsicología. Los efectos que produjo aún resultan increíbles, pues en muchos centenares de hogares de Gran Bretaña, igual que en muchos de España y México se habían doblado cubiertos y llaves, y relojes que llevaban largo tiempo parados reanudaron su marcha. Cientos de personas telefonearon a las emisoras e incluso se presentaron en los centros emisores con el objeto de su asombrosa experiencia. Sin embargo, muchos escépticos y, sobre todo parasicólogos y científicos ansiosos de notoriedad, proclamaron a los cuatro vientos que todo era fraude y truco.

Sin embargo, estos fenómenos han sido estudiados y comprobados por gran número de centros parapsicológicos esparcidos por el mundo; centros que en forma minuciosa y objetiva se hallan dedicados a su investigación, porque las facultades que producen dichos fenómenos constituyen diferentes manifestaciones de un proceso básico desconocido.

Son fenómenos que se ven, se palpan. Se asiste a ellos con evidente incredulidad, no exenta de prejuicios; sin embargo, nadie puede negar lo que ocurre: desplazamiento de objetos, rotura o dislocación de metales, realización de dibujos hechos por otras personas, adivinación de acontecimientos que no guardan relación con el sujeto parapsíquico, etcétera.

A pesar de todo, la investigación de laboratorio ha tropezado con múltiples obstáculos. Uno de ellos radica en la dificultad de eliminar los factores inhibitorios: ambiente, estado emocional del sujeto y otros factores negativos que se convierten en elementos perturbadores. Otro factor, y quizás el más notable, es el fraude. Porque una cosa hay cierta: el truco y la habilidad, por medio del entrenamiento y el estudio constante, permite que muchas personas sean capaces de desarrollar pruebas y demostraciones tan increíbles y evidentes como las realizadas por los superdotados con su don natural.

Es cierto que hay sujetos parapsíquicos capaces de prodigios con sólo un chasquido de dedos, como existen médicos notables que parecen *tener manos de santo*. Es tan cierto como el que existen muchos médicos capaces de curar a sus enfermos, como existen adivinadores, hipnotizadores y sujetos hábiles en todo lo que es telepatía y clarividencia adquirida. Ambas cosas son factibles con voluntad y estudio. Y esto podrá verse si se siguen alguno de los consejos y ejemplos que se darán a lo largo de esta obra.

Por todas estas circunstancias y hasta fechas recientes, el objeto de la parapsicología se interpretaba con excesiva amplitud. Se incluían en ella todos los fenómenos misteriosos que no podían explicarse a través de las leyes naturales conocidas. Lo cual conduce a error. En la historia de la ciencia siempre hubo fenómenos inexplicables desde el punto de vista de los conocimientos tenidos en aquellos periodos. Cada conquista del pensamiento humano ha tenido que lograrse salvando los grandes obstáculos que el desarrollo científico o cultural de aquellas épocas no aceptaban.

La parapsicología pura entra en conflicto con algunas de las leyes naturales que están establecidas, como antiguamente eran misteriosos el rayo o las enfermedades infecciosas, por carecerse del suficiente conocimiento para entender los fenómenos eléctricos dentro del marco de la física, o las enfermedades como objeto de la biología y la medicina. Por tal motivo a la parapsicología aún le quedan años para ser reconocida como ciencia. Sus leyes son eminentemente revolucionarias, porque no las tiene. No trata de una transformación política, económica o social, sino que intenta el cambio desde el punto de vista religioso, moral y filosófico. La parapsicología explora una esfera de fenómenos *no accesibles* a otras ciencias, tan sorprendentes como lo es la existencia humana más allá de la tumba.

La parapsicología casi es un artículo de fe.

La flexibilidad mental para adaptarse a cambios tan excitantes y revolucionarios constituye el gran poder de la parapsicología. Entrar en el meollo de los fenómenos misteriosos que se hallan conectados de alguna manera con la *psique* del hombre, es lo que la hace importante y la destaca sobre aquellos fenómenos que se asocian a diversas doctrinas y prácticas, y ya se catalogan bajo el nombre de ocultismo.

Para llegar a la comprensión clara de estas cosas, conviene tener presente que el ser humano está compuesto por músculos, cerebro y órganos internos. Son palabras elementales, pero evidentes para la mejor comprensión del texto.

En todo ser humano se destaca alguno de estos tres componentes, con un predominio que lo caracteriza y tipifica. Conocer esto es fundamental en el juego y el estudio de este arte-ciencia que puede llevarnos a desarrollar una percepción extrasensorial óptima. Porque facilita el estudio de la personalidad y el conocimiento genérico de las personas. Un predominio cerebral tiende a alargar la figura hacia arriba; una constitución gruesa, señala que destacan los órganos internos; y si el aspecto muscular predomina, el cuerpo estará bien formado.

Esto lleva a comprender que en todo ser humano existe una energía física y una energía mental; la primera puede compararse en su función con el cuerpo de máquinas que necesita un barco para sus maniobras; la segunda es la utilizada por el capitán que lo pilotea y dirige.

Si se recapacita un poco más sobre todo esto, es fácil darse cuenta que lo que forma la *sustancia* no física del hombre, es decir aquello que constituye su energía mental, se encuentra en él desde el principio de la creación. Sería absurdo pensar que sea una cosa que ha surgido ahora, ni siquiera por el simple hecho de que el profesor de psicología Rhine lo destacase al hacerse célebre con sus experiencias parapsicológicas, hechas con las cartas Zener y los dados, en sus clases de la Universidad de Duke, en Carolina del Norte.

La energía mental, por consiguiente, es la base y fundamento motriz del ser humano. El cerebro es el órgano encargado de albergar a la productora de esta energía: la mente. Este cerebro, para mayor claridad de comprensión, se ha dividido en cuatro zonas principales; en cada una de dichas zonas se encuentran los órganos encargados de cumplir una función específica.

A través de la zona primera, o *percepción*, se capta la imagen o sensación del mundo exterior aprehendida por medio de los cinco sentidos conocidos.

Inmediatamente el mensaje pasa a la zona segunda, *subconsciente*, que se encuentra en la región del tálamo y constituye el depósito de todas las emociones, hábitos e instintos. Aquí se acumula el conjunto de memorias, conocimientos y vivencias almacenadas en el transcurso de nuestra vida.

La tercera zona, *consciente*, situada en la parte frontal, cumple la función de analizar, ordenar y discernir todos los actos conscientes, una vez recibido el informe del subconsciente, para hacer cumplir dicha orden.

La zona *premotora*, tan pronto recibe la orden del consciente, la transmite al sistema nervioso central y a los diversos grupos musculares que la convierten en acción.

Conocida esta simple y elemental división del cerebro. Sabido que el subconsciente se encuentra en constante relación con los demás que trabajan día y noche, incluso cuando el consciente está *inhibido*, bajo el sueño fisiológico, se llega a conocer el hecho fundamental para la parapsicología: el poder del subconsciente y su utilización, consciente o inconscientemente.

Este ha sido el gran descubrimiento de los últimos años: la significación psicológica y neurológica de esta naturaleza. Por eso en los últimos tiempos se ha estudiado con más interés y profundidad todo lo que atañe al subconsciente. En él reside una fuente de sabiduría que no se explota regularmente.

Como la mayoría de los procesos mentales tienen lugar en el subconsciente, el razonar conscientemente no permite comprender las causas verdaderas de lo que se piensa y hace. El hombre, por tanto, tiene escaso conocimiento del incalculable poder que posee más allá de su consciente, y el adquirir los conocimientos necesarios para usar correctamente ese poder es lo que le pone a su alcance una nueva energía de poderes insospechados.

Hasta hoy sólo unos cuantos privilegiados han disfrutado, en muchos casos involuntariamente, del ilimitado poder del subconsciente; los demás, por lo general, lo utilizan de una manera accidental o empírica. Los pensamientos y acciones conscientes son el producto de las reacciones combinadas de la mente y del sistema nervioso, como respuesta a impulsos que afectan a los sentidos.

Hoy se sabe que a través de los miles de años que ha vivido la humanidad, el subconsciente ha ido asimilando toda la evolución del hombre, determinando en él el hábito que le permite realizar sus acciones, alcanzando en ciertos individuos muestras que les hicieron acreedores de misteriosos poderes ocultos, que hoy se estudian, se analizan y se sabe que se alcanzan a través de un ritmo armónico de salud física y mental: utilizando el equilibrio establecido entre las dos mentes: consciente y subconsciente.

El poder de la mente, ese don de percepción extrasensorial, se basa en estos cuatro principios:

1. El subconsciente está dotado de una memoria perfecta.

2. Posee el poder de la percepción e intuición de las leyes armónicas de la Naturaleza.
3. Puede ser modificado y controlado por el consciente.
4. Puede comunicarse con el mundo que le rodea sin utilizar ninguno de los cinco sentidos sensoriales.

La aceptación de estos cuatro puntos es la base para poner a trabajar la mente al máximo de su rendimiento, en el propio beneficio y en el de los demás.

La parapsicología estudia y analiza estos fenómenos del subconsciente. El control del subconsciente permite desarrollar esas facultades que se denominan telepatía y clarividencia; y se ha comprobado miles de veces que el subconsciente, además de archivar miles y miles de datos informativos, puede recibir y transmitir información a través del subconsciente de otras personas. Esta posibilidad de enviar mensajes está comprobada y se halla registrada desde los comienzos de la humanidad, aun cuando se haya conocido con distintos nombres y de diferentes maneras.

Freud afirmaba que la mente tiene tres divisiones: el *ego*, que sirve para razonar; la consciencia o *superego* y la *subconsciencia* a la que denominó el *id*. Afirmó que esta última parte alberga la memoria y los instintos primarios. Young atribuyó al superego la función más espiritual de la mente y la definió con el término *supraconsciente,* siendo la parte de la conciencia universal conectada con Dios.

Se sabe que cuando el hombre primitivo se identificó a sí mismo que tal *nombre,* ya había advertido en su personalidad cosas incomprensibles para él desde el punto de vista de las leyes naturales. Así fue como toda capacidad psíquica o superior a su comprensión humana se atribuyó a la intervención divina. Y constituyó privilegio del sacerdote, del chamán o del hechicero explicar este fenómeno: algo que era temido y al mismo tiempo esperado.

El hombre de la Edad de Piedra ya conocía el mundo psíquico, pero sólo le preocupaba en la medida que pudiera afectar a la conservación de su vida y de su seguridad. El chamán era el encargado de sus relaciones con la divinidad; y un buen chamán debía ser un buen psíquico.

Cuando la Edad de Piedra dio paso a la del Bronce, ésta a la del Hierro y luego se entró en el periodo histórico, la religión asumió las relaciones con el mundo de lo paranormal. Ya no se trataba de llegar a un acuerdo con los elementos o fuerzas misteriosas de la Naturaleza a través de una mediación directa con la divinidad. Se trataba de pertenecer a una comunidad religiosa, a una organización.

Cuando se habla de religión muchas personas piensan en cristianismo, hinduismo o religiones paganas; como cuando se habla de magia, brujería y hechos similares, se piensa en la Edad Media, en quema de brujas, en satanismo y cosas parecidas. Sin embargo, desde lo más lejano de los tiempos, siempre hubo una religión oficial y otra oculta más asequible y propicia a ciertas clases del pueblo. Hubo épocas en que se toleraban y hasta llegaban a practicarse descaradamente por toda clase de ciudadanos. Sin embargo, los sumos sacerdotes, las vestales, las pitonisas, las grandes sacerdotisas de las religiones oficiales en seguida tomaban cartas en el asunto y se encargaban de controlar, con su interpretación dogmática, los oráculos que defendían su gran aparato de vida suntuosa.

En el antiguo Egipto —4,000 años a. de C., y la Era Cristiana está por cubrir otros 2,000— ya era conocida y popular la astrología. El año se dividió en 365 días, y los testimonios que han llegado hasta nuestros días hablan del uso de la hipnosis, la sugestión, la clarividencia y la radiestesia (hallazgo de agua en una roca después de golpearla con una vara). Los papiros egipcios hablan de la inducción al sueño por medio de unos espejos y las manifestaciones de ESP (fenómenos parapsicológicos o paranormales) sólo eran tolerados dentro del marco oficial.

En determinados templos se dormía a algunas personas y después se interpretaban sus sueños como manifestaciones divinas. Estos lugares sagrados han pasado a la Historia y se conocen: el templo de Isis en Egipto; la pirámide Esagila, en Babilonia; una serie de templos dedicados a Esculapio, en Grecia, como el de Epidauro. Y no menos famoso ha sido el oráculo de Delfos.

A la pitonisa encargada de actuar como médium se le provocaba un éxtasis, sentándola sobre una grieta, de cuyo fondo subían vapores sulfurosos. Probada su aptitud, se aceptaban todos sus pronósticos, hasta que llegó el momento en que sus declaraciones, referentes a cuestiones políticas, dejaron de divulgarse libremente. Los sacerdotes así lo juzgaban en interés del gobierno, al que servían o de quien recibían su paga. Esta fue la determinante de que todos los psíquicos o personas con posibilidad de tener percepciones extrasensoriales que no actuasen en el marco de la religión oficial, fuesen catalogados para siempre como brujos, magos, hechiceros y oficiantes de las religiones ocultas, las del misterio.

# 2

# Diferencia entre Parapsicología, Ocultismo y Espiritismo

PRECISAMENTE por esa serie de circunstancias que han rodeado a muchos de los practicantes psíquicos y sus fenómenos paranormales, ha proliferado un grupo de conceptos que parecen albergar una misma cosa y que realmente sólo tienen aires de familia. No son enemigos, pero lo parecen. Resultan como primos hermanos con algunos puntos de encuentro que a su vez también son puntos de fricción.

Se trata del ocultismo, del espiritismo que son diferentes, pero parecidos, y que muchos consideran como la misma parapsicología.

Los espiritistas son individuos que creen que cada uno de nosotros no ha nacido una sola vez. Según ellos, todos hemos vivido antes otras existencias y, sin duda, volveremos a vivir otra vida, o más vidas, en el futuro.

Para ellos la muerte se reduce a un aspecto casi material de las cosas. El espíritu de los difuntos estaría flotando bajo forma de fluido o de éter que, antes de reencarnarse, se manifiesta a los vivos de diferentes maneras a través de los médiums.

A esta religión del más allá no le faltan adeptos, que se encuentran repartidos por diferentes sectas. El más célebre de los espiritistas franceses, Allan Kardec, aún sigue recibiendo múltiples flores en su tumba del cementerio del Père Lachaise cien años después de su muerte.

El ocultismo, por definición, se relaciona con todo lo que se halla escondido, secreto. Su existencia data de la antigüedad más remota y continúa reuniendo a un cierto número de iniciados en los secretos de los signos, de los símbolos, que las ciencias ocultas, como la cábala, la astrología y la alquimia, entre otras, permiten interpretar y descifrar correctamente.

Por oposición al lógico lenguaje de la razón, el ocultismo, que muchos consideran el esperanto del subconsciente, da prioridad a todo lo imaginario en relación con lo real, e incluye la magia blanca, algunas veces la negra, en sus prácticas. Conviene no olvidar que la magia blanca es la que realiza efectos extraordinarios por medio de causas naturales; es decir, es una magia benéfica, que incluso puede realizarse por medio de la prestidigitación. La magia negra, sin embargo, es la superstición, la que cree que pueden realizarse cosas admirables con ayuda del demonio.

Los parapsicólogos modernos, sin embargo, descifran con circunspección esta inmensa selva de lo sobrenatural, porque la impostura puede imitar tan exactamente lo extraordinario que grandes espíritus han caído en sus redes.

Ahora bien, ya se sabe con seguridad que existen personas, sin duda excepcionales, que pueden comunicar sus pensamientos y captar los de otros, influir en la materia inerte y prever hechos que habrán de suceder. Y éste es el objeto de la parapsicología.

Sería una gran tentación, una vez hecha la prueba, considerar a todo el resto por verdadero al igual que los adversarios de la parapsicología y de lo sobrenatural, en particular, lo niegan todo a partir de trampas descubiertas.

Hay muchos científicos entre los parapsicólogos.

El primer Coloquio Internacional de Parapsicología organizado en Utrech en 1953, reunió a gran número de físicos, químicos, biólogos, psicólogos, sociólogos, matemáticos y filósofos. Todos pensaban que el hombre está dotado de poderes que sólo se sospechan; poderes que se esfuerzan en descubrir y probar, paso a paso, como gente que camina por un sendero lleno de trampas, intentando no caer en ellas.

Entre los parapsicólogos se manifiestan dos tendencias: los americanos, por ejemplo, colocan a lo sobrenatural en ecuación, teniendo solamente por verdadero aquello que es matemático. Los rusos y franceses, en cambio, matizan más y se interrogan sobre la realidad de los hechos turbadores, matemáticamente no verificables, pero en los que permite creer el análisis más riguroso.

La física, será la encargada de poner a todos de acuerdo; particularmente la teoría de los quanta, inexplicable en un espíritu no matemático, pero que trastorna tan profundamente la mayor parte de los datos adquiridos que llega a representar casi un replanteamiento total. Debido a ello, y sin lugar a dudas, los matemáticos y los físicos de alto nivel ya miran de diferente manera a la parapsicología, no considerando tan despreciables sus aparentes incoherencias.

Los metafísicos fueron los primeros en distinguir lo verdadero de lo falso en los fenómenos espiritistas que invadían todos los salones y ciudades en la mitad del siglo XIX. Entre ellos filósofos como Henri Bergson, universitarios, médicos, físicos y varios premios Nóbel, como Charles Richet, de Fisiología, y Lord Raleigh, de Física, descubridor del argón, quienes multiplicaban las experiencias parapsicológicas al mismo tiempo que las testificaciones y el análisis de los hechos.

William Crookes, químico, astrónomo y físico, conocido por su descubrimiento del talio, fue quien se encargó de verificar en Inglaterra las conclusiones, contestadas por la primera comisión nombrada para estudiar los fenómenos paranormales. Crookes, después de numerosas experiencias, algunas con el célebre médium Douglas Home, llegó a la conclusión de la existencia de una forma psíquica.

Pero si éstos fueron los verdaderos principios de la metafísica, precediendo en algunos años a la Society for Psychical Research, de Gurney y Myers, fundada en 1882, lo cierto es que no resulta misión de los parapsicólogos encontrar explicaciones lógicas o naturales a fenómenos cuya existencia conocemos. Nuestra misión radica en hallar la verdad, *cualquiera que ésta sea*, aunque exija un reajuste en nuestra manera de pensar.

El ser psíquico, nombre que se da a las personas dotadas de esas cualidades extrasensoriales, o tener ESP, siglas con las que se define la percepción extrasensorial, no constituye el privilegio de unos cuantos individuos afortunados, ni siquiera es un don divino. Es parte integral de la personalidad humana. Actualmente se ha podido comprobar a nivel popular ante las pruebas televisivas de Uri Geller. Cada vez que aparecía ante las cámaras y realizaba alguna de sus experiencias, aparecían múltiples psíquicos que hasta entonces desconocían su poder. Pero antes de esta actualización ya se sabía que quienes no poseen ESP carecen de una parte innata de su personalidad, bien por suprimir esta capacidad incipiente o bien por no prestarle atención.

Sabiendo que la corteza cerebral controla y ordena nuestros actos, y que el subconsciente constituye el gran almacén que proporciona datos, en forma de estímulos y sensaciones, es lógico, pues, que la incipiente capacidad ESP que cada uno lleva consigo en esa parte integral de la personalidad humana, se desarrolle al máximo con objeto de servirse de ella y obtener un equilibrio emocional propio y justo.

Las formas y maneras de obtener esta capacidad ESP varía según los métodos empleados. Sin embargo, en todas las pruebas realizadas, uno de los factores primordiales para su logro, ha sido la constancia.

El profesor Rhine, de la Universidad de Duke, experimentó durante años con jugadores de dados, profesionales y no, para obtener sus sorprendentes resultados sobre la capacidad de adivinación y telepatía que alberga cualquier ser humano. Incluso el profesor Pavlov, en su laboratorio ruso, ha llegado a las más inesperadas y sensacionales revelaciones sobre la percepción extrasensorial al experimentar con perros. Perros capaces de reaccionar a estímulos mecánicos y a las órdenes mentales de personas psíquicas.

Si todos estos experimentos, además de otras múltiples pruebas, muestran la capacidad extrasensorial que albergan en sí las personas, no sería muy cuerdo pensar que no se obtuviesen óptimos resultados si nos proponemos ejercitar ese poder y nos aplicamos a ponerlo en práctica.

Pruebas de clarividencia, ejercicios de adivinación y telepatía, muestras que parecen entrar en conflicto con el criterio tradicional sobre las limitaciones del tiempo y del espacio, y de la relación entre el efecto y la causa. No obstante, el profesor Carl Jung ha demostrado la existencia de relaciones entre hechos que no pueden explicarse como causa y efecto, que son carentes de causa, según expone en su obra *La ley de la coincidencia significativa*.

Viene a explicar el siguiente ejemplo: Usted se despierta una mañana y recuerda a su tío Jorge, del que hace meses o años que no ve. No sabe dónde está ni lo que hace en ese momento. Poco después suena el teléfono y alguien que habla con usted le pregunta si ha tenido alguna noticia reciente de su tío Jorge. Cuando usted sale de casa y va por la calle se encuentra con su tío Jorge. Esta coincidencia, según Jung, tiene un *significado* y demuestra que existen conexiones, científicamente válidas, entre la impresión que usted recibió al levantarse, la pregunta del que telefoneó y el hecho de encontrarse al poco tiempo con su tío Jorge. Parece una cosa lógica, pero no deja de ser un fenómeno muy corriente y que le sucede a muchas personas.

Lo más difícil en esto y de mayor alcance en sus consecuencias es la cuestión del tiempo y del espacio. Pero aquí los hechos, tal y como se ven parapsicológicamente, también constituyen un desafío a las normas convencionales.

El tiempo es algo que transcurre. Todo el mundo lo sabe. Y sólo se puede ir en una dirección. Lo que no ha ocurrido es imposible saberlo mientras no se convierta en una realidad objetiva, según sabemos por las enseñanzas recibidas. No obstante, algo sucede a gran distancia de nosotros, que no puede verse ni oírse: no se tiene noticia de ello. Sin embargo, los archivos de muchos centros investigadores están llenos de casos auténticos, presenciados por testigos; casos en los que ciertas personas experimentaron sensaciones de algo que sucedía a gran distancia, o que ocurrió mucho tiempo antes, que habría de ocurrir más adelante, o simplemente que sucedía al mismo tiempo en que se experimentaba aquella sensación.

Existen tales fenómenos y se han probado. Si quienes participan en tales experiencias no poseyeran capacidad psíquica, o carecieran de esa percepción extrasensorial, no podrían hacerlo. Para ser psíquico o tener ESP basta a cualquiera haber experimentado algo, aunque sea ligeramente, que no pueda explicarse sustentándolo en las tradicionales bases de los cinco sentidos, ni en las leyes ordinarias de las mutaciones, de la causa y el efecto, de la observación directa. Nadie podría experimentar esa extraordinaria sensación si careciese de capacidad psíquica. Ahora bien, el hecho de que el grado de percepción sea mayor o menor, es cosa aparte. Podrá ser muy escaso, pero según las estadísticas recogidas por los investigadores, nunca se da el caso de una persona no-psíquica.

Por consiguiente, es factible que usted desarrolle esa incipiente facultad que lleva consigo, pueda servirse de ella y sacarle el debido provecho.

Recuerde siempre que todo aquello que sirva para ampliar sus horizontes merece que se le considere con la importancia debida. Es muy importante desarrollar las facultades que la

Naturaleza ha depositado en cada uno, porque muchos de los problemas de hoy pueden ser resueltos, o atenuados, utilizando la plena capacidad humana. Ya se ha indicado anteriormente que el hombre no es un simple compuesto químico; también posee una sustancia no física. Tiene cuerpo y alma; pero desdichadamente se falla mucho en la utilización y comprensión de ese componente *espiritual*.

La voluntad de pensar, el poder de la mente, tienen que ser admitidos también en este campo de la investigación. Y uno de los problemas más relacionados con los fenómenos parapsicológicos, en el terreno espiritual o religioso, es el frecuente deseo de experimentar alguna cosa que se halla fuera de los cauces normales. El deseo puede llegar a ser tan poderoso que sugestiona y hace brotar en uno la ilusión de esa experiencia, aunque sólo sea de una manera subjetiva.

Suponga usted que recibe con suficiente claridad la impresión de que alguien se muere. ¿Lo sabía de antemano? ¿Lo suponía por conocer que dicha persona estaba enferma y a punto de morir? ¿O era una simple posibilidad lo que le hizo sentir tal impresión? Deseche todas las explicaciones que le lleguen por vía lógica y ordinaria, y si *aún* le queda un residuo de duda acerca de la posibilidad para explicar ese fenómeno, acepte entonces el carácter paranormal de su experiencia. No hay duda de que el fenómeno está, se evidencia, y usted, como muchos otros, debe ser consciente de esa capacidad de percepción extrasensorial que atesora, y que debidamente cultivada le puede ser útil en muchas ocasiones.

La mejor manera para realizar ensayos de ESP en su propia persona no se basa en concentrarse, sino en *relajarse*. Téngalo muy en cuenta. Pero no basta con una simple relajación física, sino que es preciso relajarse mental y emocionalmente, hasta el punto en que ese vacío total que le invade constituya en sí una forma nueva de concentración y poder, apta para captar lo que está más allá del tiempo y el espacio, justo en el campo de influencia de la ESP.

(Sobre la relajación física y el equilibrio mental he escrito, y se ha publicado en esta misma colección, una obra que le será muy útil para obtener una preparación adecuada que le lleve a la mejor comprensión de estos fenómenos parapsíquicos que usted querrá y deberá estudiar con el fin de obtener cumplido desarrollo de su capacidad de percepción extrasensorial.)[1]

Sin embargo, es bueno indicarle que para la relajación lo más difícil radica en aislarse por un momento de sus problemas cotidianos, de sus compromisos y de sus obsesiones diarias. La tensión que provoca el ritmo vertiginoso de la vida actual, es causa de un mal uso del cuerpo y de sus órganos: unos trabajan excesivamente mientras otros permanecen inactivos, provocando el desequilibrio. Por eso lo difícil en la relajación es dejar vacío el cerebro de *ideas intrusas,* de las cosas que le afectan emocionalmente o de una manera personal en el momento que intente una experiencia o ensayo de su capacidad de ESP.

Es preciso quedarse como una cáscara, sin nada dentro, sólo con la apariencia exterior. De esta manera es como mejor se capta todo aquello que va en dirección suya. Como si estuviera en pleno trance.

Existen una serie de procedimientos, físicos y mentales, para obtener este estado de relajación. Procure adiestrarse en alguno para obtener su equilibrio.

Cuando se ha logrado llegar a ese dominio de la relajación (el aprendizaje es lento, pero siempre positivo), resulta fácil sentir unos impulsos que, si son pronta y exactamente definidos, no cabe duda de que constituirán percepciones psíquicas: el número que está pensando una persona, el dibujo que realiza, las cartas que tiene en la mano y está mirando; diversas y múltiples cosas de un carácter bastante extraordinario.

---

[1] Se trata de la obra *Relajación y equilibrio físico y mental.* Editorial Azor.

Pero es muy probable que no perciba ninguna impresión psíquica si pretende hallar en esas sensaciones una explicación lógica. Porque las sensaciones no son nunca completas, claras, ni realistas. Muy corrientemente van entremezcladas en símbolos, o se perciben de manera fraccionada. Lo entenderá mejor ante los próximos ejemplos y experiencias.

Procure, porque es muy importante, distinguir entre lo que *recibe del exterior* y lo que su propia mente *elabora*.

Una de las funciones de la mente interna es el control de la máquina corporal; a través del cerebro regula el sistema nervioso autónomo y controla el aparato glandular y las diversas reacciones químicas. Si usted, relajándose, logra alcanzar estos estados de regulación, podrá comprobar, posteriormente, cómo a través de la sugestión hipnótica se puede alterar la circulación sanguínea, las palpitaciones del corazón y hasta producir otros diversos y sorprendentes cambios.

El consciente analiza lo que recibe a través de sus cinco sentidos, y la mente interna informa y se adelanta. El cuerpo le sigue, pero la mente siempre antecede al cuerpo.

El mal uso de la mente interna produce procesos mentales negativos con respuestas de miedo, inseguridad, ideas de fracaso y otros múltiples complejos de inferioridad. Los pensamientos de malestar, enferman; los pensamientos fuertes, sostenidos por la mente, ayudan a realizar propósitos y conseguir logros. Por eso es muy importante aprender a controlar el subconsciente. Los procesos mentales controlados y dirigidos positivamente, forjan la personalidad, y una personalidad fuerte atrae, subyuga y es como un imán que atrayera hacia uno el mismo tipo de pensamientos con que se halla cargado.

Todo proceso mental ejerce su acción sobre el organismo. Hay personas que se enferman con sólo ver sangre, y otras se estremecen con los pormenores de un trágico accidente. Deseche las imágenes desagradables, porque tarde o temprano, se tornan efectivas.

Todo lo que la mente concibe y acepta se convierte en acción. Si se aprende a transformar los pensamientos negativos en positivos, la vida se tornará positiva.

Gertrude Schneidler, profesor de psicología del City College de Nueva York y vicepresidente de la A.S.P.R., ha trazado la imagen de todas aquellas personas que consiguieron lo mejor o el mínimo de bien en el curso de múltiples experiencias realizadas con la adivinación de las cartas que nadie conoce, e incluso en hacer que se desviase la trayectoria de los dados jugados. Considera que si una persona es abierta, tiene un contacto social fácil, una gran confianza en sí misma y además cree en la realidad de los fenómenos paranormales, se encuentra en el mejor camino para hallar una manifestación de la percepción extrasensorial. ¿Por qué no ha de ser usted una de esas personas? Basta con desearlo y ponerse en el camino de conseguirlo. No debe faltarle voluntad, pues otros ya lo obtuvieron después de proponérselo. Sea uno de los triunfadores.

# 3

# Fenómenos Parapsíquicos

GRAN CANTIDAD de relatos e informes de todo tipo testimonian que los fenómenos parapsíquicos se conocieron y se utilizaron desde tiempos remotos.

El Antiguo Testamento cita cosas de clarividencia, de sueños proféticos y de sus interpretaciones, como la dada por José a los sueños del Faraón, o la que dio el profeta Daniel al sueño de Nabucodonosor.

Herodoto, en su *Historia de las guerras persas*, habla del primer experimento parapsicológico al referirse al oráculo de Delfos, cuando dio su profecía al último rey lidio, Creso (siglo VI a. de C.). Creso puso a prueba la calidad de todos los oráculos griegos. Envió emisarios con la orden de preguntarles que haría Creso en un momento determinado de cierto día. Para ello imaginó una actividad realmente desacostumbrada: cortó en pedazos un cordero y una tortuga y los cocinó en una caldera de bronce. La que más se ajustó a la verdad fue el oráculo de Delfos: "Mis sentidos son sacudidos por el aroma de una tortuga cocida al fuego junto a la carne de un cordero en una caldera; de bronce es la vasija de abajo y de bronce es la tapa de arriba." Y así fue como Creso se decidió a consultarle sobre el resultado de la guerra que iba a emprender contra los persas. Sin embargo, la respuesta fue tan ambigua que lo mismo valía para una victoria que para una derrota: "Si cruzas el río Halys, destruirás un gran imperio." ¿A qué imperio se refería? ¿Al de los persas o al suyo?

Cicerón, en su obra *De divinatione*, describe un interesante caso de ESP espontánea. Dos amigos llegaron a Mégara y se alojaron en posadas distintas. Uno de ellos soñó que su amigo le pedía ayuda para impedir que lo mataran. Se despertó, y al asegurarse que era un sueño, se durmió otra vez. Volvió a soñar que su amigo le decía: "Ya que no fuiste capaz de salvarme, al menos debes vengarme. El posadero me ha asesinado y ha puesto mi cuerpo en una carreta que ha cubierto de escombros." Impresionado por el nuevo sueño, el amigo salió temprano de su posada y se fue a esperar a la carreta a la puerta de la ciudad. Cuando apareció ésta con los escombros, encontraron el cuerpo del amigo asesinado y castigaron al posadero.

Pueden mencionarse numerosas historias sobre antiguas sacerdotisas clarividentes y sibilas de las que se asegura que realizaron varias profecías famosas, relacionadas con un remoto futuro. También se encuentran numerosos relatos en textos medievales que señalan una cierta conexión entre las experiencias místicas y los fenómenos parapsíquicos.

Todos los místicos cristianos hacían hincapié en la intensidad de la experiencia interior, para explicar los sorprendentes fenómenos que les sucedían; sin embargo, los judíos desarrollaron la cábala, o sistema de doctrinas que se encargaba de controlar las facultades sobrenaturales con el auxilio de un poder secreto, atribuido a ciertas palabras y nombres sagrados.

La historia del Cristianismo está repleta de datos referentes a fenómenos parapsíquicos habidos en las vidas de los santos. El más importante de estos fenómenos es el de levitación. A este respecto advierte el doctor T. Poodt en su obra, *Los fenómenos misteriosos del psiquismo,* que no debe confundirse la levitación con las contracciones espasmódicas de ciertas histéricas, cuyos sobresaltos violentos lanzan a gran altura el cuerpo de dichas neurópatas.

El doctor A. Cullere (en *Magnetisme et hypnotisme*), señala que las poseídas de Bayeux (1732) se entregaban durante los accesos de sonambulismo a peligrosos ejercicios acrobáticos. Pero ha sido entre los místicos religiosos donde se han hecho particularmente famosos ciertos nombres como San Bernardo de Clairvaux, San Francisco de Asís, Master Echart, Santa Teresa, San Felipe de Neri, San Pablo de la Cruz, San José de Copertino, San Alfonso de Ligorio y otros, que se elevaban en el aire en presencia de testigos.

El caso más notable de levitación es el de San José de Copertino, que el conocido investigador francés Charles Richet expone en los términos siguientes en su *Tratado de metapsíquica*: "De todos estos documentos (testimonios recogidos por el padre Nuti de Assise, investigaciones para la beatificación en 1711, 1722 y 1753), se deduce que José se elevó varias veces del suelo. En ciertos casos quedaba como suspendido en el aire, en presencia de todos los hermanos de su orden. A menudo los religiosos que lo rodeaban, dudando de lo que veían, pasaban la mano bajo sus pies para asegurarse de que los pies no tocaban el suelo." El papa Urbano VIII fue un día testigo de esta elevación; como el duque Federico de Brunswick lo fue en 1650. Parece ser que en algunos casos excepcionales, José podía elevar en el aire, con él, a personas que habían venido a verle. Cada levitación era precedida de una especie de éxtasis, que comenzaba con un grito repetido varias veces, y el santo hombre sufría un temblor convulsivo, seguido de un periodo de estupor.

Otros rasgos característicos de los místicos cristianos han sido los estigmas o llagas sangrantes. Se reproducen en sus cuerpos y representan una reminiscencia de la Crucifixión. Estas llagas han sido observadas en siglos pasados y en épocas más recientes, como en los casos de Teresa Neumann, de Konnersreuth, y el del padre Pío de Pietralcina. La tradición los considera fenómenos parapsíquicos, aunque corresponden más al ámbito de la psicofisiología y a veces de la patopsicofisiología.

Algunas órdenes medievales y sociedades secretas, como los templarios, los rosacruces, los francmasones, etcétera, mantuvieron la tradición oculta y el cultivo de los fenómenos parapsíquicos. También hubo pensadores, científicos y doctores sobresalientes de la época que dedicaron muchísimo tiempo a las cuestiones conocidas hoy por parapsicológicas. Hay nombres dignos de tenerse en cuenta, como Teofrasto Paracelso, nacido en 1493 en Einsiedeln y muerto en Salzburgo en 1541. Médico pensionado en Basilea, profesor de la Universidad, y hombre de extraordinaria elocuencia. El misterio con que rodeaba sus curaciones y el secreto en que mantenía sus remedios curativos le dieron fama de ser sobrenatural. Trabajó la alquimia con el Abad Jean de Tritheim. Fue el precursor del magnetismo y de Mesmer; pero perseguido por la envidia, la difamación, las acusaciones de brujería y el sentimiento de hombre vencido, acabó muriendo en la miseria. Sus obras ayudaron mucho al avance de la medicina y fueron textos en muchas academias alemanas y francesas.

Jerónimo Cardano (1501-1576). Pretendía, al igual que Sócrates, poseer un demonio familiar. Fue inventor de un sistema de ajusticiamiento por la horca que llevaba su nombre.

Agrippa de Nettesheim (1486-1533). Abogado en Metz, médico de la familia de Saboya, historiógrafo de Carlos V, fue un apasionado de la cábala y de la magia. Dividió el macrocosmos en tres mundos regidos cada uno por una magia: una física, una astral y otra religiosa. Acostumbraba dormir en compañía de un gran perro que algunos consideraban como el mismo diablo.

Alejandro de Cagliostro, cuyo verdadero nombre era José Bálsamo. Llevó una vida llena de numerosas leyendas, aventuras y misterios. Se le consideró adepto al satanismo y se le acusaba de evocar a los muertos, a quienes solía invitar a cenar con harta frecuencia. Casi se le consideraba un ser sobrenatural, porque su mirada subyugaba a cuantos se ponían a su alcance. En su juventud fue ayudante de un farmacéutico que le dio lecciones de física y le enseñó la preparación de múltiples remedios secretos que habrían de llevarle a ser médico de los personajes más encumbrados de su época. Predijo la Revolución Francesa, pero acabó encarcelado en la fortaleza de San León.

Entre los que dejaron escritas famosas profecías, muchas de las cuales se han cumplido posteriormente, se halla el célebre Nostradamus. Estudió medicina en Avignon y Montpellier. Por sus dotes adivinas fue distinguido con grandes honores por Catalina de Médicis. Sus conocimientos de astrología le permitieron escribir su famoso *Almanaque:* que abarca diez centurias y sus predicciones aún hoy son objeto de interesante tema para revistas europeas.

El sueco Emmanuel Swedenborg (1688-1772) constituyó otra interesante personalidad en las cuestiones estrechamente relacionadas con la parapsicología. El gran filósofo alemán, Emmanuel Kant, se sintió muy interesado por sus experiencias y menciona algunos casos en los que se manifestó su percepción extrasensorial.

Concretamente cita el ejemplo de un acreedor que importunaba a la señora Marteville, viuda del embajador holandés en Estocolmo. Quería cobrar una vieja deuda. La señora estaba segura de que su marido ya la había saldado, pero no podía demostrarlo. Entonces se dirigió a Swedenborg, quien delante de testigos dijo haber hablado con el espíritu del difunto. El espíritu señaló que la deuda estaba saldada y el recibo se encontraba en un cajón secreto del escritorio. Todos los asistentes a la reunión acudieron en busca del recibo y lo encontraron en el lugar indicado. Anteriormente ya se había buscado en el escritorio, pero en vano, porque nadie tenía conocimiento de la existencia de aquel escondrijo.

Otro interesante caso de fenómenos parapsíquicos fueron los estudiados por Justino Kerner con la clarividente Federica Hauffe a principios del siglo XIX. La mujer, en los últimos años de su existencia, se encontraba muy enferma y apenas si se movía de su cama. Al parecer, además de sus dotes clarividentes, producía efectos físicos, y testigos dignos de crédito aseguraban que escucharon ruidos de golpes, salidos de diversos objetos, de acuerdo con la voluntad de Federica. Ninguna causa física aparente los producía. También era capaz de mover diversos objetos sin tocarlos, provocar levitaciones y hablar en lenguas desconocidas.

Sin embargo, el acontecimiento más importante en la historia de los fenómenos parapsíquicos surgió con el *mesmerismo*, en 1779, cuando Antonio Mesmer publicó en París su obra sobre el "magnetismo animal".

En sus curaciones y actuaciones Mesmer solía rodearse de efectos muy teatrales que sembraron la desconfianza de los críticos más duros y de muchos científicos; sin embargo, las teorías de Mesmer tuvieron plena confirmación al comprobarse que su "sueño magnético" era un efectivo estimulante de las facultades parapsíquicas.

Los parapsicólogos le reprochan no haber intentado analizar en absoluto los fenómenos parapsíquicos que provocaba. Se limitó a ser, simplemente, el fundador de una nueva manera de sanar, que sus seguidores han perfeccionado y modelado, principalmente Eslon, Déleuze y los hermanos de Puységur. A uno de éstos, precisamente, se le considera el descubridor de la ESP en el sueño magnético, aunque fue descubierta por casualidad.

En cierta ocasión Puységur trataba con prácticas magnéticas a un campesino inculto, Víctor Rasse, quien, en contra de lo habitual, no cayó en el acostumbrado éxtasis con calambres, sino en una especie de somnolencia (sonambulismo) en la que no reaccionaba ante lo que le rodeaba. En este estado el campesino empezó a describir su enfermedad y a recomen dar, incluso, la forma de sanarla. Tras este descubrimiento, Puységur y otros magnetizadores empezaron a observar en sus pacientes estas manifestaciones de percepción extrasensorial. Los enfermos que habían sido magnetizados empezaban a describir sus males y los de otros, recomendando las curas que necesitaban. Para mayor efecto, cuando el magnetizador se golpeaba, el paciente sentía dolor en la parte correspondiente, y si el magnetizador se ponía algo en la boca, el paciente describía su sabor.

Mesmer no había llegado a tanto, o al menos no llegó a analizar su poder. Se limitaba a reunir a los enfermos en una habitación oscura. Hombres y mujeres se agarraban las manos formando un círculo alrededor de un recipiente que contenía limaduras de hierro e imanes, luego eran sumergidos en bañeras magnetizadas y cosas por el estilo. Mesmer asistía a estas reuniones vestido con una capa de color violeta, de efecto muy sugestivo, y realizaba unos gestos ceremoniosos y teatrales, magnetizando a los reunidos con giros rápidos de un imán o de sus manos desnudas, y les aseguraba el éxito de su curación. Una música lejana contribuía a poner en el ambiente una peculiar carga de emoción que llevaba a los pacientes a estados de éxtasis, acompañados de espasmos y perturbaciones de la consciencia.

Parece ser que Mesmer obtuvo éxito en la curación de algunos de sus pacientes, pero hoy se consideran éxitos obtenidos por sugestión y autosugestión. Él los explicaba como una saturación de sus cuerpos por un fluido peculiar que todo lo penetraba y que designaba como "magnetismo animal", nombre que, al parecer, ha confundido las mentes de muchos físicos.

Las doctrinas de Mesmer encontraron una tierra fertilísima en el pueblo sencillo, y en la época de Napoleón se fundaron en Francia y Alemania numerosos círculos de magnetizadores. La popularidad del movimiento llevó a la Academia Francesa de Ciencias y a la Real Academia Médica a crear comités científicos para estudiar el asunto del magnetismo animal. Uno de estos comités estableció que los sonámbulos magnetizados "veían con los ojos cerrados" y "preveían acontecimientos futuros". Pero muy pronto todo esto fue considerado como producto de la imaginación. El mesmerismo quedaba, así, como algo inútil para la ciencia médica.

Sin embargo, sobrevivieron algunos círculos de magnetizadores y en ellos siguió floreciendo la práctica de la inducción a un estado magnético. Estos círculos, desde entonces, se convirtieron en la fuente más importante y conocida de individuos dotados de ESP.

A mediados del siglo XIX reapareció el interés popular por los temas psíquicos. Los románticos, como Lord Byron y Shelley, se dedicaron a experimentar sensaciones psíquicas, siendo imitados por las clases elevadas. Hasta entonces ni se soñaba siquiera en estudiar semejante clase de temas en las Universidades. Lo oculto sólo era para agoreros, gitanos y nobles adinerados que se obsesionaban con sus pronósticos.

Pero después de 1841, la ciencia médica volvió a prestar atención al magnetismo animal, y puso énfasis en el estudio del propio estado magnético. Numerosos médicos, entre los que destacan James Braid, en Gran Bretaña; Charcot y Liebault en Francia, dedicaron mucho interés al estado similar al sueño, al que se bautizó con el nombre de *hipnosis*, que podía producirse por medios diferentes a los practicados por los magnetizadores.

Mientras los científicos se interesaban por la investigación del propio estado hipnótico, para explicarlo y aplicarlo en terapéutica, el estudio de las facultades parapsíquicas, que se manifestaba en las personas hipnotizadas, quedó en manos de los no profesionales, que formaban los círculos de los magnetizadores.

Pronto surgió una legión de magnetizadores milagreros, de sonámbulos clarividentes y de individuos que aprovechaban cualquier ocasión para estafar al crédulo público. Entre tal multitud de charlatanes quedaron perdidas las personas que verdaderamente poseían facultades parapsíquicas. Conocidos en aquellos tiempos fueron los clarividentes Alexis Didier, Mademoiselle Pigeaire y Madame Lenormand, que adquirió fama y gran reputación de adivinadora durante la República, el Directorio y el Imperio francés. Explotó con gran éxito sus artes, gracias a la credulidad de Josefina, y estas relaciones hicieron que Napoleón la encarcelara dos veces. El poder oculto que se le atribuía, contribuyó a consolidar su fortuna y a permitirle acabar sus días tranquilamente. Entre sus obras destaca unas *Memorias secretas de la emperatriz Josefina* que son decepcionantes en ciertos aspectos.

Por esa misma época surgió en América el *espiritismo*. La creencia en los espíritus era muy antigua, pero el movimiento que le dio una forma concreta en sus ideas apareció en el pequeño pueblo de Hydesville, Nueva York. Allí vivía un tal John Fox con sus hijas Catharine y Margaret. Un atardecer de 1847 las niñas oyeron unos sonidos inexplicables, crujidos y golpecitos, que se repitieron en los días siguientes. En seguida se estableció que aquellos golpecitos tenían un sentido inteligible. Un amigo de la familia sugirió la idea de decir en voz alta el alfabeto y requerir un signo por medio de un golpe para cada letra correcta. Pronto fue posible comunicarse con los poderes que golpeaban y se presentaban como "espíritus" de personas muertas.

Los golpes en seguida informaron a los invitados de cosas que desconocían. Uno de los más sensacionales fue el mensaje de un espíritu que se encontraba presente; pertenecía a un buhonero llamado Charles Ryan, que había muerto y fue enterrado en la casa. El espíritu deseaba que sus restos fueran debidamente sepultados, y cuando se cavó en el lugar del sótano indicado, apareció, efectivamente, un esqueleto humano. El suceso conmocionó a todo el mundo, y en agosto del año siguiente, los Fox se trasladaron a Rochester, donde se aprovecharon prácticamente de su recién adquirida popularidad.

El golpeteo de los espíritus se puso a la orden del día. Se crearon círculos en los que determinadas personas, después de la magnetización o sin ella, caían en trance. La presencia del médium intensificaba la atmósfera, y los fenómenos a observar eran de todos los calibres: instrumentos musicales que sonaban solos; mesas que empezaban a moverse; espíritus que se materializaban; y hasta fotógrafos que retrataban espíritus por encargo en firme.

La velocidad de tal propagación de espiritistas se ilustra con las siguientes cifras: en 1851 había cerca de un centenar de médiums en Nueva York; veinte años más tarde, sobrepasaban los diez mil.

Como es natural, en cuanto apareció el espiritismo algunos científicos objetaron la interpretación espiritista de los fenómenos observados. Crevreul y Faraday señalaron la posibilidad de que los movimientos inconscientes eran la causa no-parapsicológica de los movimientos de los muebles en la atmósfera emocionalmente cargada de las sesiones espiritistas: los participantes se cogían de las manos y presionaban sobre la mesa, moviéndola involuntariamente durante su tensa concentración. Sin embargo, ellos solían afirmar lo contrario: era la mesa la que empujaba sus manos.

Los espiritistas presentaron alegatos de ciertas experiencias empíricas, explicadas por la suposición de que se manifestaban debido a los "espíritus" supervivientes de las personas muertas que se comunicaban con los vivos a través de los médiums.

Los fenómenos observados eran la mezcla de unos fenómenos desacostumbrados, pero todavía puramente psicológicos, con unas manifestaciones que hoy son objeto de la parapsicología. Era necesario, pues, un análisis crítico de los observaciones logradas y separar los fenómenos psicológicos de los parapsíquicos; pero la mayoría de los seguidores del espiritismo escogieron el camino más fácil: hacer hincapié en la doctrina y convertir el movimiento en una especie de religión. Así surgieron dos tendencias principales: la anglosajona, de Andrew

Lackson Davis y la francesa, de Hippolite Rivail, más conocido por Allan Kardec.

Por el año 1870 el mundo científico, aunque tardíamente, reconoció la existencia de "algo" por investigar. Entonces se fundó la Sociedad Británica para la Investigación Psíquica, una rama de la cual se instaló en Boston. La finalidad de estas sociedades era investigar en el campo de la Parapsicología, probar médiums y ayudarles en su aprendizaje y desarrollo. Podían actuar a cubierto de toda clase de necesidades, y los investigadores podían publicar cuanto quisieran. Eran un grupo de personas libres, inteligentes, a quienes nadie condenaba por creer que el hombre sobrevive a la muerte física.

El eminente químico y físico William Crookes fue el pionero de estas investigaciones científicas sobre los fenómenos parapsíquicos. Logró importantes descubrimientos en el estudio de los fenómenos de telecinesia, que producía con Douglas Home, el médium más famoso de aquel tiempo.

El físico William Barret también presentó una especie de aventura pionera en la Asociación Británica para el Progreso de la Ciencia. Informó sobre el éxito de los experimentos realizados con una joven hipnotizada que nombraba las cartas colocadas entre las páginas de un libro, describía los gustos de diversas sustancias que probaba el hipnotizador, y cosas parecidas. Su informe se recibió con cierta desconfianza, pero eminentes eruditos y profesores universitarios ya se habían volcado sobre el estudio organizado de los fenómenos parapsíquicos.

Numerosas personalidades, como Henry Sidgwick, la señora Sidgwick, Myers, Crookes, Barret, Oliver Lodge, el filósofo Charles Richet, el filósofo Henry Bergson, el astrónomo Camille Flammarion, el psicólogo William McDougall, el biólogo Hans Driesch y otros muchos, intervinieron en las actividades de la Sociedad dedicada a la investigación de los fenómenos parapsíquicos.

La recopilación de fenómenos parapsicológicos empezó a realizarse de una manera sistemática y en seguida fueron publicándose extensas colecciones de fenómenos espontáneos. Lo más interesante de todos los casos es que ocurrían cuando el sujeto se hallaba durmiendo o en estados de inactividad mental (relajación, fatiga, fiebre, etcétera), lo cual sigue demostrando la gran posibilidad que cada cual tiene de obtener óptimos resultados de sus propias experiencias psíquicas con el solo dominio de su subconsciente, bien a través de la relajación mental, o bien a través de la autohipnosis o sugestión.

Uno de los casos se refiere a lo sucedido al gran pensador ruso Lomonossov, quien vio en un sueño que su padre, que era pescador, había naufragado y se hallaba en una isla deshabitada del mar del Norte. Alarmado por aquel sueño, Lomonossov hizo lo imposible por que un grupo de pescadores que le conocían embarcasen hacia la isla. Y en efecto, allí encontraron el cuerpo de su padre.

Otro caso habla de la esposa del señor X que soñaba a menudo con una casa que podía describir perfectamente, pero que no sabía dónde se hallaba. Al cabo de cierto tiempo su marido alquiló una casa para pasar una temporada y al discutir las cláusulas del contrato, la propietaria le dijo que la figura de un mujer solía aparecerse a menudo en una de las habitaciones. Cuando la esposa del señor X entró en la casa, en seguida la reconoció como la de sus sueños, y la casera reconoció en ella a la persona que solía aparecerse.

Otro caso no menos insólito era referido por el profesor de la Universidad de Berlín, Dubois-Reymond, quien contaba a sus alumnos cómo un doctor amigo asistió a una enferma grave de una dolencia intestinal. El doctor soñó durante dos noches que leía en cierta página de un opúsculo sobre medicina la forma de curar a su paciente. Se levantó y escribió la receta de aquella medicina, que aplicó a la mujer, logrando su recuperación. Un año más tarde cayó en manos del doctor un opúsculo que acababa de publicarse y allí encontró, en la página soñada, una recomendación de la medicina que había recetado a la mujer.

Cierto día el señor K se sintió impulsado a visitar el cementerio de Greenwood, a unos 16 kilómetros de Nueva York. Nunca había estado allí ni sabía que alguien de su familia lo hubiese visitado nunca. Tras un largo y penoso viaje llegó al cementerio y se encontró con su padre, que asistía a la exhumación de un miembro de la familia. Por lo visto se le había escrito una carta pidiéndole que asistiera al acto. La carta de su padre se cruzó en el camino y el señor K llegó exactamente a la hora indicada.

La señora H contó que cuando tenía diez años y se paseaba un día por el campo, tuvo una visión en la que aparecía su madre tendida en el suelo, como muerta. La visión permaneció nítida durante bastantes minutos, llegando a anular los verdaderos contornos que la rodeaban. Al cabo de un rato fue desapareciendo gradualmente, y la muchacha, impresionada y segura de haber visto algo real, regresó y en vez de ir directamente a su casa, fue en busca del médico. Cuando ambos llegaron a su casa, lo condujo a la habitación vista en su visión. Allí se encontraba la madre, que había sufrido un repentino ataque al corazón. La oportuna llegada del médico, le salvó la vida.

El gran número de informes sobre fenómenos parapsicológicos espontáneos demuestran que se dan con muchísima frecuencia. Es muy posible que cada persona pueda contar un acontecimiento de esta índole partiendo de su propia experiencia o de la de sus amigos. Por ello conviene desarrollar esa incipiente facultad que cada uno lleva consigo; servirse de ella y sacarle el debido provecho. Muchos de los problemas que atosigan a los hombres de hoy pueden resolverse, o al menos atenuarse, mediante la plena utilización de su capacidad humana. Pero no siempre esta capacidad se manifiesta claramente.

Con frecuencia se ve, tanto en los negocios como en actividades diversas, cómo algunos individuos, sin merecimientos aparentes, escalan las más fructíferas y halagüeñas situaciones, gozando de la simpatía y admiración de los demás. Estos individuos poseen un misterioso dominio; su capacidad mental logra los más óptimos resultados, bien porque sea innata, bien porque la cultiven y la perfeccionen.

En la vida, en la convivencia social, siempre se tiene ocasión de emplear la potencia psíquica de la personalidad. En unos es fuerte y en otros endeble o deficiente. Para éstos constituye un esfuerzo supremo hacerla evidente; para los primeros, sin embargo, es como beberse un vaso de agua.

Lo peor en estos casos radica en que el débil no se da cuenta de que su extraordinario esfuerzo es evidente muestra de su capacidad, y que por lo tanto debería ejercitarla y sacarla a flote, en toda su valía. La mayoría de las veces prefiere volver a la apatía de seguir sintiéndose débil, alardear de ese esfuerzo único, y no coger el toro por los cuernos.

Recuerdo que siendo niño, un canoso profesor, de rostro más paternal que otra cosa, me contó un extraño cuento que jamás he podido olvidar. Voy a resumirlo aquí: Se trata de un molinero que envía a su pequeño hijo a llevar unos sacos de harina en un burro. El niño, antes de emprender la marcha, preguntó al padre qué debía hacer si en el camino se le caía la carga. El padre, sin más, le respondió: "Llama a la Providencia, y listo. Ella te ayudará a cargarlos." El pequeño emprendió el camino, se le cayó la carga en el lugar más desértico e inhóspito, e inocente como era, empezó a gritar llamando a la Providencia. Terminó por desesperarse, llorar, y al ver que la Señora Providencia no acudía en su ayuda, se ingenió las mil maneras para volver a cargar el burro. Y al final consiguió llevar la carga a su destino.

He contado esta historia a muchas personas que he encontrado por la vida. La Providencia siempre está con uno. No hay seres débiles, como tampoco los hay fuertes. Hay seres humanos y nada más. La debilidad y la fortaleza sólo estriba en la forma de pensar de cada uno. Y aquí no valen sofismas de que unos individuos tienen medios para ser más inteligentes y otros no. Unos pueden estudiar y otros no. La Historia da ejemplos de hombres incultos, de seres que sin pasar por colegios o universidades, han logrado abrirse camino en la vida y ser personas de provecho. Personas que a los cuarenta años han descubierto cualidades que ignoraban poseer, que transformaron toda su vida e hicieron de ellos un ser brillante.

En el fondo, todo es simple: encontrar que se vive para algo que a uno le gusta hacer y eso que se hace es una gran razón para sentirse a gusto. Lo triste radica en que una gran mayoría de seres hace aquello que no le gusta hacer y pone como disculpa una resignación que es el engaño y la burla más cruel a su existencia.

Por eso conviene que usted le saque partido a sus pequeñas e ignoradas cualidades ESP. Seguramente, al obtener resultados de telepatía o de clarividencia, valgan los ejemplos, es capaz de entretener a sus amigos o hacerse feliz usted mismo. Porque esto le dará un nuevo horizonte a la hora de ver las cosas que le rodean, de enfrentarse a sus ocupaciones habituales y librarle de los tristes y pobres complejos que sólo sirven para amargar la existencia.

Sonría y póngase delante de cualquiera. Piense con optimismo y apodérese de su propia mente. Su voluntad es inflexible. No le convenzan las palabras huecas. Manténgase en lo justo. Su voluntad es importante. Resista a las injusticias y haga prevalecer criterios rectos, sensatos y equitativos. Su vida entrará en el camino del éxito. Y todo por una simple muestra de su habilidad mental.

Al principio le hará falta paciencia y constancia, pero ya sabe que la mejor manera de efectuar ensayos de percepción extrasensorial sigue siendo la *relajación* física y mental. Aíslese de todas las ideas intrusas para mejor captar aquello que va en dirección a su mente. Si quiere pensar que va a adivinar unas cartas o unos dibujos, no deje que por su mente surjan los ecos de la última situación política, ni las hermosas piernas de aquella joven que se hallaba sentada en la oficina que visitó unas horas antes. Su mente debe estar en blanco y mostrarse capaz de saber qué va a realizar. No se esfuerce en pensar que debe adivinar esto o aquello. Tranquilícese, con fría serenidad y calma, dispóngase a traspasar el umbral de la consciencia. Introdúzcase, mentalmente, en esa región vacía, desierta, en la que surgirá algo. Confíe, porque usted sabe que allí encontrará lo inesperado, lo real y lo fantástico.

Pero no se excite. Usted va a distinguir perfectamente los impulsos que le llegan. Los percibe y debe saber inmediatamente si vienen del exterior o son elaborados por su propia mente. Deseche estos últimos. El juego sólo es válido cuando usted percibe algo que no está en usted. Los peligros que encierra la incontrolable naturaleza de los fenómenos espontáneos es que se llega a conclusiones erróneas y apresuradas. No se engañe considerando fenómeno parapsíquico lo que no es más que un anhelo que se cumplirá de forma natural como consecuencia del empeño.

Tenga paciencia y practique. Usted en su sitio, sentado, calmoso. Tras un biombo, o alejado y dando la espalda a su espalda, la otra persona que dibuja, contempla las cartas Zener, juega a los dados o escribe un número que usted debe acertar porque lo ha visto en su mente, en un campo de percepción extrasensorial.

Analice bien los ejemplos que sobre determinados aspectos de la ESP se señalarán a lo largo de esta obra. Practíquelos con frecuencia y voluntad. Pronto comprobará los progresos obtenidos.

No hay que olvidar que todos los ejercicios deben realizarse en una estancia aislada, tan silenciosa como un claustro. Es lógico que no se logre el éxito si se intenta mientras se celebra un baile o se produce un concierto de *rock and roll*.

# 4

# La Percepción Extrasensorial y sus Formas

EN EL CURSO de las últimas décadas las iniciales ESP, que designan la *extra sensory perception*, son un vocablo familiar, sobre todo en el lenguaje americano. La ESP guarda relación primordial con las cartas de ensayo del profesor J. B. Rhine, utilizadas para el estudio de la Parapsicología subjetiva.

No se trata de unos simples naipes, sino de las cartas creadas por el doctor Zener, cuyo nombre han recibido. Son cinco, y en cada una de ellas hay un dibujo que representa un círculo, una cruz, unas ondas, una estrella de cinco puntas y un cuadrado.

En 1932 el profesor Rhine, de la Universidad de Duke, y su esposa Louise, instalaron oficialmente un laboratorio de parapsicología en el mismo seno de la Universidad. Unos estudiantes se ofrecieron para realizar las experiencias.

En una habitación, un agente (emisor o inductor) miraba una de las cartas. En otra habitación, un receptor (o perceptor) debía adivinarla. Por series de veinticinco cartas, las experiencias fueron repetidas millones de veces, bien con las mismas personas o bien con personas diferentes, con el máximo de precauciones y de controles para así eliminar toda posibilidad de trampa consciente o inconsciente. El número de respuestas exactas fue tal que se estableció la existencia matemática de telepatía.

Usted puede intentarlo igualmente. Realice uno de los test comprobatorios que le ayudará a detectar sus facultades paranormales.

En primer lugar hágase de unas cartas Zener, o reproduzca los dibujos de sus símbolos en forma de cartas manejables; es decir: el círculo, la estrella, la cruz, las ondas y el cuadrado. Sitúe a su pareja en un extremo de la habitación, dándole la espalda. Colóquese en el otro extremo, dándole la espalda. Escoja una de las cartas y dígale:

—Dentro de un instante voy a tratar de transmitir uno de estos símbolos. Imagina un cuadro negro a la altura de los ojos; allí aparecerá la imagen de la carta que esté transmitiendo. Tan pronto se perciba la imagen en la pantalla negra, dilo. Si prefieres dibujarla en un papel, hazlo.

Entonces, usted deberá visualizar nítidamente el símbolo que transmite y verlo grabado en el cuadro negro que se supone está frente a los ojos del sujeto.

El ejercicio puede realizarse como emisor o como receptor.

Si de diez pruebas seis resultan positivas, habrá indicios suficientes para confirmar la posesión de facultades telepáticas. En menos de este porcentaje, la facultad es dudosa y será preciso realizar nuevas sesiones comprobatorias.

De uno a tres aciertos en cada diez intentos deberá considerarse como respuesta negativa, ya que tal porcentaje entra en el cálculo del azar. Sin embargo, los fallos también pueden ser debidos a una falta de adecuación, de entrenamiento o de situación ambiental psicológica.

No todo ha de salir a la primera. La práctica, la paciencia y la buena voluntad suelen superar muchas pruebas y otorgar el éxito.

Si usted logra un buen resultado con este tipo de ejercicio, aún puede intentar otro test de mayor envergadura. Le llevará a desarrollar sus cualidades de clarividencia.

Sitúese en la misma forma que la vez anterior, pero ahora tomará la precaución de escoger una carta al azar, sin que usted ni nadie la vea; introdúzcala en un sobre opaco del mismo tamaño de la carta y sugiera a su pareja que trate de visualizar la carta que se encuentra dentro del sobre. O inténtelo usted mismo, puesto que se supone que usted no ha visto ninguna de las cartas.

Estas son pruebas que han proporcionado óptimos resultados. Los sujetos que las han realizado pudieron establecer matemáticamente la existencia de facultades paranormales.

El profesor Soal, de la Universidad de Londres, también realizó una interesante serie de investigaciones con naipes similares desde 1934 a 1939, pero después de cien mil pruebas con más de 160 sujetos, llegó a la conclusión de que no era capaz de confirmar los resultados positivos obtenidos por Rhine.

Más tarde Soal oyó hablar de los experimentos de Carington, quien colocaba en su despacho un cuadro distinto cada día y los sujetos lejanos tenían que tratar de copiarlo. La habilidad ESP apareció en seguida, pero más interesante resultó el aparente desplazamiento de tiempo que se producía cuando el experimento se repetía varias veces consecutivas. Carington encontraba coincidencias entre los dibujos de los sujetos y los cuadros que colocaba en su despacho el mismo día, pero también entre los dibujos de los sujetos y aquellos cuadros que pensaba colocar los días siguientes.

Soal decidió tomar en cuenta esta posibilidad de desplazamiento y analizó sus resultados, encontrando dos sujetos: Gloria Stewart y Basil Shackleton, con quienes llevó a cabo extensos experimentos bajo condiciones rigurosas. Agente y perceptor estaban sentados en habitaciones diferentes, de tal forma que los separaba una pared; el agente tenía las cartas encerradas en una caja y el perceptor debía nombrarlas hallándose situado, además, detrás de una pantalla. La gran cantidad de datos acumulados en tales experimentos demostraron que existía la ESP, y en este caso concreto, telepatía pura.

Pero la ESP también se relaciona con la psicokinesis, o facultad de mover objetos por procedimientos cerebrales, por lo cual se considera que para poseer ESP el ser humano dispone de un don natural. En el mundo no existe nada sobrenatural. Sólo ocurre que ciertas facetas de la personalidad humana no han sido todavía suficientemente exploradas y comprendidas. Las consecuencias producidas por tales facultades hace que siempre se piense en cosas sobrenaturales, pero en realidad se trata de fenómenos perfectamente naturales.

A cada época corresponde un grado de conocimiento, y a medida que transcurre el tiempo se va ampliando la capacidad de comprender; pero nunca existe una línea definitiva de separación entre lo que es natural y lo que está fuera de lo natural. Los ejemplos están bien visibles en la larga historia de la humanidad.

Sin embargo, es lamentable que muchos hombres de ciencia ortodoxos no se den cuenta de ello y sigan considerando la cultura actual como una especie de pináculo, más arriba del cual nunca cabe un avance revolucionario.

La percepción extrasensorial supone ese cambio. Su plena aceptación exige que sean rechazados ciertos prejuicios basados en las limitaciones de los cinco sentidos, porque la plena aceptación del mundo psíquico no puede simultanearse con la aceptación de un mundo visto desde la ortodoxia actual.

ESP significa que determinada persona tiene facilidades para trascender a lo que normalmente se consideran los límites de nuestros cinco sentidos, ya sea en el espacio, ya en el tiempo. Los fenómenos psíquicos y la facultad de experimentarlos, es decir, la percepción extrasensorial, no implican la existencia de un sexto sentido distinto a los demás.

Lo que se denomina ESP, como facultad psíquica, no es ni más ni menos que la extensión de los cinco sentidos normales más allá de lo que se creía que eran sus límites. Así, pues, no existe ningún sexto sentido, sino cinco extrasentidos que desarrollan la facultad extrasensorial. Es decir, que se puede dilatar el campo de las facultades normales, si se desea, si se tiene talento innato y si se lleva a la práctica dicho deseo.

La ESP existe potencialmente en todos. Que se esté dispuesto a desarrollarla, a suprimirla o a tolerarla, son factores que influirán mucho en los resultados finales.

Se sabe con certeza que la voluntad de no creer es mayor que la voluntad de creer. La negación siempre es más enérgica que la afirmación. Por consiguiente, al tratar de desarrollar la percepción extrasensorial hay que tener muy presentes estos tres aspectos:

*Primero.* Hay que conocer a fondo la propia esencia para, con dicho conocimiento, eliminar el miedo. El miedo constituye un factor que inhibe.

*Segundo.* Esta facultad debe emplearse intensamente, pues así se logra incrementarla. Es un principio que se halla en abierta contradicción con otros que rigen la acumulación y reserva de energías.

*Tercero.* Existen determinadas técnicas, ejercicios y visualizaciones cuya finalidad es poner a prueba las facultades de un sujeto determinado y mejorar sus condiciones para ponerse a actuar.

Myers, uno de los fundadores de la sociedad londinense, reconoció que la información llega primero a la esfera subliminal (subconsciente), y sólo después, en la segunda fase, tiene lugar la manifestación exterior verdadera y propia de la información captada, bien en forma de experiencia consciente o bien por reacción externa del sujeto. Otros autores también dividen el proceso de ESP en dos fases: la toma de contacto con el objeto que se percibe y la aparición de las visiones informativas en la consciencia.

Los fenómenos paragnósticos aparecen como si comenzasen precisamente en el punto donde, en realidad, terminan. El proceso real de ESP se efectúa enteramente fuera de la consciencia del sujeto. La naturaleza de este proceso es hasta la fecha completamente desconocida. Se especula con la transmisión informativa basada en la propagación de algunas señales energéticas, pero se desconoce la naturaleza de estas señales y el momento en que son generadas o interceptadas.

La primera fase del proceso depende de regulaciones de carácter exclusivamente parapsicológico y es típica del proceso de la ESP. La segunda es de una importancia secundaria y su estructura psicológica depende de la persona cognoscitiva, de su personalidad, de sus experiencias pasadas, etcétera.

Según el estado mental de la persona la información que le llega puede manifestarse de diversas maneras: en condiciones favorables, suele alcanzar la consciencia y puede objetivarse mediante algún método corriente de comunicación: la palabra, la escritura, un dibujo, etcétera.

El grado de comprensión consciente puede diferir entre un vago presentimiento, una repentina experiencia semejante a un sentimiento de certidumbre, un sueño nítido o una experiencia totalmente clara de naturaleza alucinante.

Sin embargo, otras veces la información no llega de ninguna manera a la consciencia, pero sí se manifiesta a través de reacciones que pueden ser advertidas, aunque no necesariamente por el sujeto. Estas reacciones varían y pueden ser una agitación o sentimiento de incomodidad, un impulso urgente por realizar alguna acción, o una reacción motriz semejante al movimiento de la mano del zahorí que sostiene la vara, la escritura automática de los médiums espiritistas o, en algunas ocasiones, a reacciones vegetativas del organismo.

Algunos descubrimientos sobre ESP se obtuvieron a partir de la observación de manifestaciones espontáneas. Fenómenos que no ocurren siempre que los perceptores se hallan en estado de abierta actividad mental, sino cuando duermen o están en estado de confusión o de actividad mental atenuada, bien debido a periodos de cansancio o enfermedad o de relajación y de disociación mental. Muy pocas veces se presentan como consecuencia del empeño consciente, pero sí se han dado casos, debidamente comprobados, como el ejemplo siguiente:

El señor Beard antes de irse a la cama se concentró en la intención de hacerse visible, durante el sueño, a dos amigas suyas, la señorita Verity y su hermana. Se fue a dormir pensando en ellas, y a la mañana siguiente no sabía si su experimento tuvo éxito o no. Sin embargo, ambas mujeres le dijeron más tarde que aquella noche habían visto su figura, que les asustó mucho. En otra ocasión, el mismo experimento tuvo éxito cuando otra hermana vio la aparición del señor Beard. En el tercer intento, Beard tomó rigurosas medidas de control e informó a un amigo por carta que iba a enviar su doble a ver a las señoritas Verity. Más tarde estas confirmaron la aparición del señor Beard a la hora programada del experimento.

Pero esta clase de casos son excepcionales. La mayor parte de los fenómenos parapsicológicos se verifican inesperadamente y sin intención. En vez de un empeño de la voluntad, su aparición es debida a un elemento emocional. Los procesos subconscientes en la mente del perceptor determinan también el objeto de la experiencia.

El caso siguiente así lo demuestra. El señor Wilmot embarcó en Liverpool para ir a Nueva York. Cierta mañana, cuando el barco se encontraba en alta mar, vio a su esposa que entraba en su camarote, se acercó a su litera, le besó y, al poco rato, se marchó. Su compañero de camarote también vio esta figura. Cuando el hombre llegó a Nueva York la primera pregunta que hizo a su esposa fue si se había dado cuenta de que había ido a verle a su camarote, durante la travesía. La mujer señaló el día exacto y añadió que se había sentido angustiada por él, luego había tenido la sensación de caminar sobre el mar, encontrar el barco en que viajaba y haber entrado en el camarote a darle un beso. También describió correctamente el barco, que nunca había visto, y los muebles del camarote.

La compleja configuración de la psique receptora determina la forma en que se manifiesta lo percibido extrasensorialmente. Durmiendo aparece usualmente como un sueño, pero despierto suele ser una sensación intuitiva, un impulso repentino que impele a actuar, una ilusión sensorial o una experiencia alucinatoria.

El objetivo de la ESP puede representarse por una amplia escala de acontecimientos: desde los pensamientos y sentimientos de individuos aislados hasta las complejas escenas en que participan muchas personas u objetos inanimados.

En lo referente a los hechos acertados, la ESP no ha encontrado limitación alguna a su manifestación. Los más inverosímiles casos y sucesos han podido catalogarse en las colecciones de fenómenos espontáneos, aunque prevalecen los casos de naturaleza dramática y de tinte emocional, explicables lógicamente por razones psicológicas.

Una de las propiedades más sorprendentes de la ESP es que aparentemente no está influida por la distancia, como suele ocurrir con la normal percepción sensorial. Se han registrado casos en los que la información ha sido transmitida a millares de kilómetros. Quizás el caso más extraordinario en este sentido sea el llevado a cabo a través del espacio entre el astronauta Edgar Mitchell y el psíquico Olof Jonsson.

Con motivo de realizar el vuelo del Apolo XIV, el comandante Edgar D. Mitchell, gran aficionado a la parapsicología, decidió aprovechar la oportunidad del vuelo espacial para efectuar una transmisión telepática desde el espacio. Solicitó a un selecto grupo de parapsicólogos que le facilitaran un sujeto sensible que consintiese en efectuar el experimento. Informado Olof Jonsson del asunto, aceptó con entusiasmo la experiencia.

Dos semanas antes del despegue, Mitchell y Jonsson se entrevistaron en Cabo Kennedy para acordar la realización de unos experimentos a título de ensayo. Mitchell extendía ante sí una baraja de cartas Zener e intentaba transmitirlas a Jonsson, que se encontraba en Chicago. Durante diez sesiones Jonsson captó el orden correcto de más o menos la mitad de las imágenes transmitidas por el comandante. Y este mismo experimento se repetiría durante el vuelo del Apolo XIV.

Los experimentos se realizaron durante los periodos de descanso de Mitchell, cada uno de seis minutos diarios de duración los tres días que precedieron al aterrizaje lunar, y otros tantos a los tres días siguientes.

Jonsson explicó que pasaba media hora meditando y preparándose antes de cada transmisión. Mitchell le enviaba una por una la imagen de veinticinco cartas en cada sesión. La receptividad variaba constantemente: en algunas ocasiones Olof aseguró que la señal era intensa y en otras sólo distinguía borrosamente la carta. Al final se envió el diario de cada sesión a un grupo de científicos que iba a estudiar y comprobar los resultados; pero la NASA no permitió revelarlos, aunque admitió la veracidad del hecho. Alegó que se trataba de una experiencia particular de Mitchell y no entraba en los estudios oficiales. No obstante, el éxito superó el cálculo de probabilidades, pues otros receptores llegaron a captar mensajes, incluso antes de que Mitchell los enviara.

Pero no sólo existe esta sorprendente experiencia respecto a la distancia. Un reputado y serio diario francés publicó en su día cierta sensacional información acerca de los experimentos llevados a cabo en el curso de un sumergimiento del submarino atómico *Nautilus* y su base, utilizando sujetos entrenados en comunicación telepática. La marina americana en seguida se apresuró a desmentir la información. Y entonces fueron los rusos quienes revelaron espontáneamente una sorprendente experiencia, muy similar, llevada a cabo entre una coneja y sus pequeñuelos.

Guardaron la coneja en un laboratorio, sujeta a diferentes aparatos que se emplean para captar las más ínfimas reacciones que tienen lugar en el seno del organismo, cuando se coloca a un ser, animal o humano, en situación desacostumbrada.

Los gazapos partieron con el submarino hacia las grandes profundidades. En determinados momentos, que no habían sido previstos con anterioridad, pero que se anotaron cuidadosamente, fueron matando uno tras otro a los gazapos.

Más tarde se supo que en el mismo momento, en tierra, el electroencefalograma de la coneja marcaba un brusco cambio: misteriosamente era prevenida cada vez que se mataba a uno de sus pequeñuelos. Una señal, nadie sabe cuál, atravesó en segundos miles de toneladas de agua para llegar a su cerebro.

El misterio envuelve al misterio, y como es improbable que los conejos rusos tengan la exclusiva y el privilegio de ser telépatas, surge la convicción de que esta energía no se detiene ante nada, ni distancia ni obstáculos, hasta el punto de que hace temblar los trazados eléctricos de los animales.

Resulta difícil describir exactamente el estado mental que conduce a la percepción extrasensorial, como difícil es caracterizar con precisión las experiencias subjetivas del sujeto. Sólo las descripciones introspectivas de algunos sujetos dotados con elevadísima facultad de ESP, han arrojado cierta luz sobre el problema. Un significativo ejemplo es el del paragnosta de Fleuriére, a quien estudió Osty en unas demostraciones de clarividencia:

"Sé con exactitud que el estado mental en que me encuentro no tiene nada que ver como estado mental normal. Ya no soy el mismo hombre: ni veo ni siento como antes. Noto que tengo una doble personalidad, o, más bien, como si otra persona escondida en mi interior hubiera emergido de pronto y reemplazara a mi personalidad normal. Sin embargo, parece que mi usual manera de pensar no está enteramente destruida. Estoy seguro de que es así. Pero debajo de la superficie de mi inteligencia consciente que dirige mi vida usual, siento que vive y trabaja una inteligencia subconsciente más amplia y segura que la otra... Cuando este estado dura algún tiempo, me siento literalmente absorbido por esa condición peculiar de exaltación que experimentamos al sentirnos fascinados por la inspiración musical o poética..."

Este mismo estudio se ha realizado con telépatas profesionales, es decir, telépatas teatrales, y se han advertido que mucho de su conocimiento paranormal está adquirido a través de medios normales: perciben visualmente las reacciones involuntarias en los rostros de la gente. Lo cual apoya las afirmaciones ya establecidas de que todo individuo tiene más o menos condiciones para actuar con su facultad ESP. He aquí un párrafo de la autobiografía del telépata teatral Frederick Marion.

"Cualquier individuo puede producir fenómenos psíquicos con tal de ser capaz de perderse dentro de sí mismo. En otras palabras; en determinados momentos la mente debe despojarse del revestimiento de los hábitos normales y esforzarse en alcanzar la unidad con algo que está más allá del tiempo, del espacio y de la casualidad. No existe la palabra adecuada para describir dicha condición mental, y a falta de un término más conveniente me veo obligado a utilizar la palabra *concentración*."

El profesor Fassman, tan vinculado durante muchos años al mundo del espectáculo, y últimamente dedicado a la enseñanza del complicado lenguaje de la personalidad humana, también señala algo parecido:

"El poder de la autosugestión es tan fabuloso como la etero-sugestión lograda sobre cualquier sujeto en el umbral de la hipnosis. Todas las experiencias de sugestión hipnótica dan la seguridad de poder afirmar lo siguiente: el subconsciente está sujeto a nuestro control, bajo el poder de la sugestión apropiadamente utilizada. Bajo este estado la mente consciente se ha debilitado. Cada proceso mental logrado por usted constituye una nueva clavija que obtendrá su correspondiente respuesta cuando la ocasión así lo exija. A través de prácticas se consigue el control del subconsciente y se alcanza el ritmo armónico sobre el cuerpo físico. Y tres son los elementos primordiales para que los ejercicios sean efectivos: Visualización clara y nítida del objeto que se desea alcanzar, que representa la LUZ; Fe y deseo intenso de obtenerlo, que representa la FUERZA; y vivir intensamente la realización del mismo en tiempo presente, que representa el MOVIMIENTO."

Otro notable profesor de parapsicología en el Instituto de Tecnología, de Nueva York, Hans Holzer, miembro del colegio de Estudios Psíquicos de Londres, y autor de varias obras sobre la percepción extrasensorial, también es de la misma opinión. Algunas de sus conclusiones pueden resumirse como sigue:

Es útil poseer percepción extrasensorial. De hecho son muy pocas personas las que se dan cuenta de esta facultad, pero quien disfruta de ella obtiene un valor incalculable para una visión conjunta de la vida, porque esa cualidad intuitiva trasciende los límites del espacio y del tiempo. Es como si de pronto se abriesen de par en par las puertas de un mundo en el que ya no se ve uno sujeto por los lazos de la racionalidad. Situándose en el centro de ese mundo nuevo, uno puede influir decisivamente, o no, en el curso de su propia existencia.

Y este beneficio es el primer punto de enfoque para desarrollar en cada uno la capacidad psíquica. Si uno se prepara convenientemente podrá conseguirlo unas veces y otras no, porque cada faceta emocional lleva consigo su dosis de intelecto. Y la ESP no es algo que pueda controlarse como cuando se abre o se cierra un grifo, ni tampoco se puede usar como se utiliza un teléfono. Sin embargo, es algo que funciona con toda seguridad cuando se dan las condiciones emocionales precisas.

Parece difícil comprender que una persona pueda concentrarse en sí misma y a la vez establecer comunicación con el mundo exterior. Pero en todos los fenómenos psíquicos existe una función similar a la de los fenómenos eléctricos: la electricidad no se ve como funciona, pero se exterioriza su actuación.

La energía mental, ese poder o fuerza, existe cuando se transmite de una mente a otra. Es una cantidad pequeña, pero mensurable, que se crea en la mente por medio de ese cuadro de distribución llamado cerebro, y se envía al exterior en una forma directa o difusa. La forma directa es la que se dirige a un sujeto receptor conocido; la difusa, sólo tiene la esperanza de encontrar algún sujeto receptor. Cuando se recibe esta energía, se descifra, por así decirlo, y se usa.

Un investigador, inglés. Benson Herbert, ha experimentado esta clase de energía mental por medio de máquinas inventadas por él en su laboratorio de parapsicología, y ha comprobado que en las comunicaciones psíquicas ocurren pequeños retrasos, apenas perceptibles, pero que señalan el efecto de un viaje de una a otra parte.

# 5

# Los Médiums

MEDIUM quiere decir medio. Para quienes creen en los espíritus se trata de un intermediario entre el mundo visible y el invisible.

De hecho, el médium es la persona que produce, voluntariamente o no, fenómenos paranormales que se manifiestan en trance; fenómenos que también pueden tener lugar sin modificación de la consciencia.

La personalidad del médium es difícil de comprender. Algunos autores han hecho que se extendiese la impresión de que los médiums son individuos más bien de aspecto sospechoso, grueso y que siempre comercian comunicándose con los difuntos. Pero nada de ello es cierto. El médium sólo es un canal, un intermediario y nada más.

Las llamadas fases de la idoneidad psíquica constan de dos grupos distintos. Se entiende por fase la forma particular que tiene de manifestarse en cada uno la aptitud de irrumpir a través de las barreras del tiempo y el espacio.

Siempre cabe la posibilidad de tener varias de estas fases simultáneamente, pero, por lo general, sólo se suele tener una. De cualquiera de estas fases no se puede saltar a la otra si no es debido a una inclinación natural, propia. Cualquier tentativa violenta está condenada al fracaso. La Naturaleza tiene su manera de utilizar ciertas condiciones corpóreas y éstas se prestan a determinadas formas específicas de idoneidad psíquica.

Aquí es donde entra la personalidad del médium, ya que se distinguen dos clases de mediumnidad: la mental y la física. El médium es, pues, toda persona capaz de crear una unión entre los mundos físico y no físico. Puede ser hombre o mujer, aunque es corriente que sean mujeres. Estas suelen estar más cerca del nivel emocional necesario.

Debido a esta proliferación de mujeres médiums se ha creído que suelen poseer más ESP que los hombres, pero no hay nada que lo pruebe ni demuestre.

Se dice que la mujer es más intuitiva que el hombre, y que ella percibe más un peligro latente; pero las abundantes pruebas realizadas en la Universidad de Duke por el matrimonio Rhine, con ambos sexos, desde la infancia hasta la edad adulta, no han demostrado superioridad alguna de un sexo sobre el otro.

Antes de la adolescencia existe poca diferencia entre chicos y chicas. Unos y otros obtienen resultados un poco superiores a la media, en el curso de las experiencias de telepatía y de clarividencia.

Luego las mujeres afirman cierta superioridad, pero se puede considerar que esa superioridad no sea más que aparente y modelada por las diferencias sociales y culturales en las que se halla inmersa la mujer, que la favorecen con una actitud diferente para con la prueba o test.

Louise Rhine escribió acerca de esto: "Una muchacha se entrega alegremente, como en un juego, y acepta el resultado sin discutir, ya sea bueno o malo. Para ella se trata solamente de algo interesante. El hombre, sobre todo mayor y de un nivel universitario, reacciona a menudo de manera muy diferente. Empieza por dudar un poco. No sabe qué pensar de eso que se llama ESP, y no está convencido del interés del test ni del valor del cálculo matemático que se utiliza como control. El resultado, no importa cual sea, lo acepta con reservas: puede ser que... no sabe... Y reclama tiempo para reflexionar sobre el asunto. En una palabra, si el resultado de una mujer se revela mejor que el de su marido, no significa necesariamente que su facultad ESP sea superior. Puede ser debido a su actitud diferente. Todos los parapsicólogos saben que el ESP es cosa fugaz, espontánea, que desaparece cuando se le turba."

Por todo ello, las mujeres están más dispuestas a aceptar estas verdades que los varones. Estos tienden siempre a evadirse de todo aquello que no sea ortodoxo, que pueda comprometerles en sus contactos con los amigos, los vecinos o los compañeros de trabajo. Estos motivos hacen que por cada psíquico masculino haya dos del sexo femenino.

La mediumnidad mental o capacidad de recibir información no explicable por medios ortodoxos, suele ser lo más corriente. Comprende tres formas diferentes de percepción: claridad de oído, claridad de vista y claridad de olfato.

La mayoría de las personas dotadas de aptitud y experiencia psíquicas suelen oír cosas que no podrían oír en condiciones normales. Pueden escuchar la voz de un ausente, o recibir la impresión, en el subconsciente, de estar oyendo algunas palabras. Sea como sea, se trata de algo *audible*.

El clarividente, a su vez, suele ver una aparición, una visión o cualquier fenómeno que puede interpretarse como el signo de algo. Lo puede ver con los ojos de la mente, es decir, en su interior, pero también de manera objetiva, o sea, como un objeto exterior.

La claridad olfativa ya es una percepción que se manifiesta en menor número de personas. La capacidad de oler algo que no es captable en la vecindad, es bastante difícil, pero el olor suele estar ligado a alguna experiencia o a algún ser querido que pasó a mejor vida, y eso permite la percepción.

Para los médiums no hay nada que carezca de significado. Descubrir este significado es la tarea de cuantos realizan estas experiencias. Ellos saben que no se puede rechazar nada como inconsecuente o coincidente. En la Naturaleza no existen coincidencias, ni casualidades ni nada que carezca de valor y de sentido. Todo persigue un fin, y siempre existe una razón, aunque no se encuentre claramente definida.

Existen tres fases de mediumnidad mental, y entre dos de ellas, las que sean, puede situarse una técnica especial llamada psicometría por unos y metagomía por otros.

Esta técnica consiste en tocar determinado objeto y por el tacto, a través de dicho objeto, obtener información de su propietario. Parece increíble, pero es posible debido a que las experiencias emocionales dejan su impronta sobre la capa exterior del aura, es decir sobre el campo electromagnético que constituye la personalidad humana. Si la toca un hombre o una mujer sensibles, o sensitivos, reactivará o sintonizará a través de ella lo que sucedió al dueño del objeto, obteniendo datos del pasado, del presente y hasta del futuro de esas personas.

La psicometría o arte de medir psíquicamente es una de las formas más frecuentes de la mediumnidad mental. También resulta muy espectacular. Ahora bien, cuando se proponga practicarla, debe estar seguro de no tocar ningún objeto perteneciente a otros dueños. También se debe tener especial cuidado al medir psíquicamente objetos antiguos, como espadas o puñales, no vayan a producir un trauma.

Hay quienes no necesitan tocar el objeto para conseguir esa lectura. Se puede medir psíquicamente una habitación y hasta un conjunto de casas, siempre que se encuentre a una razonable distancia de ellas. Incluso puede encontrarse con alguien en la calle, cambiar una apretón de manos y adquirir en seguida una impresión bien definida de su carnet de identidad.

Todas las personas llevamos dentro un almacén de estímulos sensoriales, desde el nacimiento hasta la muerte, y de ese almacén puede sacar información cualquier persona sensitiva.

Con la psicometría no se lograrán resultados lógicos, rutinarios, pero sí fragmentos de cuadros emotivos y de cosas que han de tener una significación feliz o infortunada.

El otro grupo de la mediumnidad, el llamado físico, suele ser bastante más raro y complicado que el anterior, y también, en cierto modo, es más peligroso.

En el nivel mental de la ESP no existe ningún peligro. Sin embargo, existen supersticiones que cuesta mucho desarraigar.

En la mediumnidad física sí existen dificultades, debido a que implica un control exterior. Físico significa aquí que el cuerpo de la persona (el médium) es utilizado por otro ente distinto a título temporal. El término se aplica lo mismo a los médiums profesionales como a aquellas personas que poseen esta cualidad y desean controlarla.

En las personas que se da el fenómeno llamado disociación de la personalidad (aptitud para deslizarse a intervalos del propio ser físico y sentarse junto a sí mismo, a fin de que otros operen en sus cuerpos), son los llamados médiums físicos.

Cuando el médium está en trance, se encuentra inconsciente, casi no late su corazón ni se le puede captar el pulso; pero esto dura poco, sólo hasta que la otra persona se posesiona de su cuerpo. Entonces se puede decir que se halla presente una persona extraña, con un nuevo almacén de recuerdos, nuevas expresiones faciales, nuevas ideas, nuevos movimientos y, por consiguiente, alguien nuevo.

Al final del experimento debe ausentarse esta nueva personalidad. Por lo general se necesita una buena dosis de habilidad por parte del investigador actuante para conseguir que cese esta intrusión temporal y la persona extraña se retire pacíficamente. Lo cual indica que los experimentos de trance no deben realizarse por simples aficionados, si no es con ayuda de otra persona.

Quienes poseen la habilidad de deslizarse fuera de sí mismos, de hablar en lenguas ajenas y con voces diferentes a la suya, tienen que poner especial empeño en que alguien se encuentre presente junto a ellos. Si el trance sobreviene de forma inesperada, la manera más rápida de hacerle volver en sí es que alguien le llame por su nombre. Jamás debe tocar su cuerpo, pues cualquier contacto físico podría producirle un *shock*. Mientras dura el trance, se opera un cambio muy significativo en el voltaje de ese campo eléctrico constitutivo de la personalidad humana. Esta vuelve a su estado normal cuando se ha retirado el ser poseedor. Si se toca al médium durante el trance, se organiza una sacudida capaz de perjudicarle físicamente.

Hoy día es muy corriente oír hablar de la posesión y de la obsesión. En ambas es precisa la utilización de un médium. La obsesión consiste en que un supuesto difunto es buscado por una persona viva, que en este caso encarna el médium. La persona viva desea el contacto con el alma del difunto, por creer que atrayéndola cumple una tarea o misión de suma importancia.

La posesión, por el contrario, surge en un estado consciente cuando una persona "al otro lado de la vida" decide valerse de un médium de este lado y contra su voluntad, suele expresarse o cumplir ciertos encargos.

Ninguna de ambas situaciones es agradable para aquellos a quienes se presentan. Sin embargo, ni la posesión ni la obsesión serían posibles sin la plena cooperación de estas personas.

Puede suceder que una persona no lo desee, pero no sea consciente de ello. Y también puede ocurrir que esa persona, inconscientemente, quiera estar poseída. Lo cierto es que no puede darse el caso de una posesión involuntaria, porque siempre hay una válvula de escape. Si un individuo conoce los medios de rechazar este apoderamiento y quiere librarse de él, tan sólo le basta con cerrar esa especie de puerta psíquica y no dejar paso a ninguna intrusión.

Existen, sin embargo, muchos peligros. La aptitud psíquica suele ser un arma de dos filos. Los pensamientos son impulsos electromagnéticos, algo tangible que envía uno al exterior. Pueden actuar como un escudo, como una defensa, si esos pensamientos son lo suficientemente enérgicos para protegerle de otros que pugnan por adueñarse de su interior y transformarle contra su voluntad.

A este respecto se cuenta el caso de una señora neoyorquina que no tomaba en serio las facultades psíquicas. En cierta ocasión fue a casa de un tía suya. La tarde era calurosa. La tía no sabía cómo distraerse, y ella, una amiga y la señora de Nueva York, tomaron asiento en torno a una mesa giratoria, para entretenerse con una sesión de espiritismo. Sucedió que el juego provocó una especie de comunicación telepática. En aquella antigua casa había un espíritu que sólo buscaba un médium adecuado para exteriorizarse. Se trataba de un asesino, un loco que había matado a su mujer. La señora de Nueva York se encontró súbitamente poseída por aquel ser y no pudo desprenderse de él durante algún tiempo. A partir de aquel día toda su vida cambió. Había sido violentada su puerta psíquica, y otros espíritus fueron penetrando por ella en los meses siguientes. Desesperada, la pobre señora se entregó al alcoholismo por no saber hacer frente a la situación con un criterio más racional. Aquella mesa arruinó su vida.

La forma más controvertida de la mediumnidad física es la materialización, que consiste en la aptitud para convertir en realidad objetiva figuras humanas tridimensionales.

La materialización es la forma más deseable de mediumnidad, y se obtiene del médium físico, así como de otros circunstantes, al extraerse de ellos una sustancia elaborada por ciertas glándulas del cuerpo humano. Esta sustancia se llama ectoplasma. Puede obtenerse en laboratorios y tiene el aspecto de una albúmina gris o blancuzca. Su densidad varía de la fluidez del humo a la solidez de un objeto cualquiera. Quienes la tocaron aseguran que es viscosa y fría. Charles Richet fue quien llamó así a esta emanación visible del médium, que puede tomar formas humanas y a menudo se señala por un enfriamiento de la atmósfera y por luces fosforescentes.

La función del ectoplasma se explica del siguiente modo. Cuando un difunto se manifiesta en cualquier sesión convocada a tal fin, tiene su forma de presentarse, pero esta forma pensada se materializa revistiéndose con esa sustancia glandular, extraída de un cuerpo vivo. Mientras el espíritu del difunto se aferra a sus pensamientos, el ectoplasma conserva su solidez; cuando se cansa o vaga por el vacío, recobra el estado líquido. Una vez agotada su energía, retorna al ser viviente cuyas glándulas le segregaron, alojándose otra vez en el interior de su cuerpo.

Es una operación difícil de realizar, pero algunos médiums lo han conseguido. Por lo general los médiums mentales, incluso los que son excelentes, se abstienen de realizar estas pruebas de materialización; y si alguien se las pide, suelen falsearlas.

Un caso de materialización se llevó a cabo a través del psíquico galés Jack Harris, famoso por estas pruebas. La sesión se desarrolló en un salón iluminado solamente por una bombilla roja, única luz que no interfiere las vibraciones ni el tejido del ectoplasma. Mientras Harris pasaba por el trance, sentado en una silla, fueron surgiendo del suelo diversas figuras. Al principio todo era materia amorfa, blanquecina, que gradualmente adquirió contornos de hombres y de mujeres hasta acabar convirtiéndose en un conjunto de seres humanos. Los asistentes daban la mano a estas figuras y conversaban con ellas. Diez minutos más tarde, los aparecidos anunciaron que se retiraban porque el poder se les iba muy deprisa.

Nada más decirlo, cada uno de ellos, a la vista de todos, se fueron reduciendo de tamaño hasta desaparecer a ras de suelo, de donde habían surgido.

Muchos autores están convencidos de que la desmaterialización de objetos es tan factible como su rematerialización. Ningún objeto es materia sólida. La materia se compone de partículas que se mantienen unidas por su afinidad magnética, por medio de la atracción. La materia es como un queso Gruyere: está llena de agujeros y entre las partículas existe cierta cantidad de aire.

La desmaterialización se consigue porque la fuerza psíquica es capaz de romper la unión magnética de las partículas simples, trasladarlas de un sitio a otro y volverlas a juntar casi al instante. Sucede tan deprisa que parece increíble.

De entre los diversos casos de materialización, Michel Bentine relata el de un médium que consintió en ser sometido a la siguiente prueba: Le hicieron sentarse en una habitación con el abrigo puesto, abrochado y las manos atadas. Se cerró la puerta con llave. Se colocaron vigilantes al lado de la puerta y de las ventanas. Cinco minutos más tarde el abrigo se encontraba en el cuarto contiguo mientras el médium permanecía en trance, en la primera habitación.

Existen muchos informes sobre fenómenos de telecinesia, levitación y materialización, pues hubo una época en la historia del espiritismo que se concedió gran importancia a estos fenómenos de carácter físico. Entre una serie de médiums físicos que destacaron en el siglo XIX, los más famosos fueron David Douglas Home, cuyos efectos mecánicos a distancia fueron estudiados por Crookes, y la médium italiana Eusapia Palladino, sencilla mujer que estudiaron durante muchos años los más destacados científicos.

Otro interesante caso de materialización fue provocado por el doctor Geley, director del Instituto Metafísico Internacional, quien invitó al polaco Klusi, uno de los más célebres médiums contemporáneos y no profesional, a realizar una experiencia muy particular. Se introdujo a Klusi en una habitación semioscura, sólo con la penumbra de una luz roja que favorecía el paso al segundo estado. Con cada mano sujeta por uno de los testigos de la aventura, Klusi se puso en trance.

Todo el mundo esperaba las apariciones que regularmente suscitaba, en forma de caras, de manos y de pies con todo el aspecto de estar vivos. Las apariciones se anunciaron mediante un olor a ozono y un claro refrescamiento de la temperatura. Unos vapores fluorescentes empezaron a flotar y tomaron la forma de manos extrañamente luminosas.

El doctor Geley había mandado disponer de una cubeta rellena con agua caliente y recubierta, en la superficie, con una parafina teñida de azul, no muy lejos del médium. Entonces los asistentes mandaron a las manos que se sumergieran en la cubeta. Cosa que éstas hicieron dócilmente, oyéndoselas chapotear. Luego desaparecieron y dejaron en su lugar unos delgados guantes de parafina azul.

El experimento se había llevado a cabo con las máximas medidas de seguridad. No se podía decir que Kluski hiciese fraude, porque estuvo constantemente sujeto e incapacitado para depositar en la habitación los guantes de parafina, preparados con anterioridad. También ignoraba que se añadiera colesterol a la parafina, para que reaccionara con el ácido sulfúrico y revelara su presencia virando al rojo.

Por otro lado, las manos eran visiblemente como las de los adultos, pero reducidas al tamaño de manos infantiles. Los guantes de parafina habían coagulado los más finos repliegues de la piel, obstaculizando los movimientos de los músculos y excluyendo la posibilidad de un sobrevaciado. Por tanto era imposible que una *verdadera* mano pudiese retirar un guante tan extraordinariamente amoldado a sus formas, sin romper la parafina.

En esta época otros dos médiums se hicieron célebres como Kluski, el polaco Guzik y Rudi Schneider, hermano de leche de Hitler. Producían ectoplasmas tomando algunos la apariencia muy viva de manos, de bustos, de rostros conocidos o desconocidos de los asistentes e incluso de animales, de los que a veces podían acariciar el pelo.

En el mismo centro investigador se organizó una sesión con Guzik, antiguo obrero curtidor convertido en médium profesional después de que sus extraños dones hubieran inquietado a todos sus conocidos. Asistieron a la sesión treinta y cinco personas: médicos, ingenieros, escritores e incluso policías, todos ellos muy dispuestos a no dejarse engañar por un falso ectoplasma.

Se tomaron las más increíbles precauciones para hacer imposible cualquier tipo de fraude. Un arquitecto examinó el lugar, cerciorándose de que no existía ningún mecanismo especial ni en el techo, ni en las paredes, ni en el suelo. Las puertas fueron cerradas con llave desde el interior; se sellaron y obturaron las aberturas con papel engomado.

Para estar más seguros de no ser víctimas de alucinaciones colectivas, los testigos fijaron ligeramente sobre el suelo y los muebles algunos objetos que a veces se desplazaban en presencia del médium. A éste lo unieron al grupo, atándosele entre ellos con cadenillas cerradas con candado.

A pesar de todas las precauciones, los objetos llegaron a desplazarse cerca de dos metros, y los asistentes sintieron unos roces y unos contactos inexplicables. Luego firmaron una declaración que certificaba todo lo ocurrido.

El estudio de la mediumnidad física ha exigido grandes requisitos y no todos los médiums se han prestado a colaborar con los investigadores. Se sabe que en condiciones convenientes se han producido fenómenos genuinos, pero los mismos parapsicólogos se preguntan justamente si tales hechos son debidos a la existencia de los difuntos, a una facultad ESP del médium o a formas de mensaje del desaparecido. El misterio sigue en el mismo sitio y la experiencia choca con el mismo problema que en la experiencia vivida. Existe ésta, pero no se puede razonar ni comprender.

# 6

# La Investigación de la ESP

MILLONES de experiencias llevadas a cabo con un triste e implacable rigor, sometidas al cálculo de las probabilidades, verificadas estadísticamente, hoy día ya no dejan lugar a dudas sobre la existencia de la telepatía, la clarividencia y los demás fenómenos paranormales, de los que la parapsicología constituye solamente uno de los aspectos de su enseñanza en numerosas universidades del mundo.

Puede afirmarse que el interés moderno por el espiritismo y la percepción extrasensorial surgió de manera efectiva cuando en los Estados Unidos se suscitó el caso, ya señalado, de los inexplicables golpes oídos en la granja de Fox.

Se dijo que los mensajes recibidos procedían del buhonero que había sido asesinado en la casa por su anterior ocupante. Nadie estaba enterado de aquel crimen, pero al ser descubiertos dientes humanos, fragmentos de huesos y cabellos enterrados en el suelo del sótano, todo tuvo rasgos de verosimilitud, sobre todo cuando se exhumaron los restos humanos.

Después se supo que los golpes se centraban en Kate, la hija menor de Fox; golpes que ya la habían acompañado en la casa en que vivían anteriormente. La comercialización y las demostraciones públicas que después realizaron ambas hermanas restó mucha credibilidad a los fenómenos. Sin embargo, las muchachas fueron registradas y controladas, poniéndoseles descalzas, en pie, y sobre unos almohadones de pluma. Los ruidos continuaron, sin merma y de manera inexplicable.

Esto ocurría a partir de 1850, y nueve años más tarde se producía en Inglaterra el fenómeno David Douglas Home, un escocés famoso entre todos los médiums del siglo XIX. La impresión de su fuerza psíquica no se reducía a la variedad de su talento, sino también a la manera en que ejerció en el mundo entero, ante millares de testigos, las experiencias de su poder sin que nunca se le pudiera acusar de fraude.

Todas las damas de la más alta sociedad que disponían de un salón en Francia, Inglaterra, Italia, Rusia o América, se disputaban las exhibiciones de Home. Actuó en París delante de Napoleón III y la emperatriz Eugenia. La princesa Sofía lo vio en La Haya y el zar en San Petersburgo.

En presencia de Douglas Home los pianos se levantaban del suelo, los candelabros salían por encima de las chimeneas, se paseaban por las habitaciones y aparecían fuertes corrientes de aire aunque estuvieran bien cerradas las puertas y ventanas.

Cuando Home se encontraba en forma, los espíritus se manifestaban a través de su intermediario, respondiendo a las preguntas de los asistentes; aparecían manos en el aire, bolas de fuego que atravesaban la habitación, se escuchaban ruidos extraños, y en varias ocasiones Home llegó a sumergir sus manos dentro de brasas al rojo vivo sin que se le observara después la más mínima huella de quemadura.

Uno de sus números fuertes era la prueba de su levitación. Sucedía lo mismo en pleno día que de noche, y Home, que no se presentaba como solían hacer los médiums inspirados, permanecía en medio de los asistentes, facilitando toda clase de vigilancia para que pudieran persuadirse de la autenticidad de los hechos que le acontecían, que él, por supuesto, encontraba muy naturales.

Tras una de sus giras mundiales, a su regreso a Inglaterra, sir William Crookes, uno de los físicos más brillantes de su época, quiso encontrarse con él para estudiar sus dones. Crookes, elegido miembro de la Royal Society a la temprana edad de 31 años, llegó a ser presidente de la misma en 1913. Sus experimentos realizados con Home y otro médium fueron publicados en el *Quarterly Journal of Science*, provocando los más estimulantes comentarios de muchos científicos y colegas suyos.

Crookes vio elevarse del suelo a Home y quedarse así suspendido durante algunos segundos, para descender luego lentamente. En otra sesión fue la propia esposa del sabio quien se elevó en la silla en que se encontraba sentada. Cuando Crookes, estupefacto, juzgó que ya había visto bastante para hacerse una opinión, publicó un informe favorable a Home. En él se refería el siguiente experimento:

Home fue sujetado por manos y pies y vigilado estrechamente. Una tabla horizontal de caoba, apoyada en un pivote por un extremo y con el otro suspendido en una balanza de resorte, descendió bajo la intervención de un agente desconocido. Tanto Home como el otro médium, también fueron capaces de causar movimientos en un trozo de pergamino ligeramente tensado a través de un aro de madera, al parecer sin tocar directamente el pergamino.

Informes posteriores de Crookes, daban cuenta de golpes secos, de movimientos de objetos, de levitación de muebles y de seres humanos, y sobre todo de la aparición de luces, manos y rostros.

Los resultados obtenidos con Home fueron de lo más sorprendente. Crookes sujetó una romana al borde de una mesa y con ella midió la fuerza necesaria para inclinarla. Se comprobó que hacía falta una fuerza de nueve kilos para inclinar la mesa, mentalmente, después de haber hecho la petición de que la mesa "fuera pesada". Normalmente se necesitaban tres kilos y medio. Paralelamente se requirió un impulso de diecinueve kilos y medio para levantar la mesa cuando "era pesada"; normalmente con catorce se levantaba del suelo.

Henry Sidgwick fue uno de los más destacados intelectuales de Cambridge en su época. Durante los veinte últimos años del siglo pasado se dedicó, con investigadores de otros países, a realizar pruebas y comprobaciones, a menudo con los mismos médiums (la italiana Eusapia Palladino prestó grandes experiencias en todos los casos). Pero todos los resultados fueron más o menos similares a los ya experimentados, ocurriendo fenómenos difíciles de explicar como naturales, pero que no podían ser fácilmente atribuibles a un fraude.

Algunos de los investigadores eran científicos distinguidos que llegaron a convencerse de la autenticidad de estos hechos después de realizar pruebas muy meticulosas. Tales fueron los casos del profesor Charles Richet y del físico británico sir Oliver Lodge, que investigaron conjuntamente con la italiana Eusapia Palladino.

Los efectos físicos de la Palladino eran tan sorprendentes como los de Home. Podía conseguir golpes y levitaciones con mesas, movimientos de diversos objetos y apariciones de luces y manos mientras los investigadores le sujetaban en todo momento las manos y los pies.

En una prueba ulterior fue sorprendida haciendo trampa, pues se había deshecho de las ligaduras puestas por los investigadores sin que éstos lo advirtieran. A pesar de todo, las pruebas obtenidas con ella podían ser consideradas sin ningún reparo.

Ante la presencia de Henry Bergson, d'Arsonval y Madame Curie, gran aficionada a estas experiencias, Eusapia hizo, estando atada de pies y manos, no sólo levantar un velador, sino que consiguió guiarlo hasta que se giró sobre una mesa.

En el curso de otra sesión elevó una mesa varias veces del suelo, llegando a una altura de sesenta centímetros. En tal ocasión Eusapia se encontraba profundamente despierta y vigilante, y se habían introducido, para que la experiencia no dejase lugar a dudas, dos de los pies de la mesa en unas vainas colocadas en el parquet, que disparaban un sistema eléctrico cuando dejaban de tener contacto con el suelo.

Sin embargo, el fraude fue el principal problema para los investigadores de la ESP, sobre todo en las sesiones que se celebraban en semioscuridad. Varios médiums fueron descubiertos en el momento de hacer trampas, y los investigadores tuvieron que ponerse al día en los últimos métodos de engaño para ser tan competentes como los ilusionistas profesionales.

Hasta el año 1900 habían sido publicadas unas once mil páginas en el *Proceedings and Journal of the Society for Psychical Research*, de Londres. Los investigadores modernos no las tienen muy en cuenta porque no conducían a ninguna idea científica fructífera. Existían diversos motivos para no resultar convincentes, el más importante es que la mayoría de los investigadores se interesaban más por los aspectos espirituales que por los físicos: anhelaban hallar pruebas de la supervivencia después de la muerte.

Eran escasos los intentos por relacionar los acontecimientos con lo que entonces se sabía en el campo de las ciencias físicas. Aquellos eminentes científicos no utilizaban grandes dosis de sus conocimientos para tratar de interpretar los extraños hechos que presenciaban.

Se daban a conocer explicaciones de fenómenos paranormales que tenían escasa relación con la interpretación contemporánea del mundo físico. Las teorías, que no pudieron ser contrastadas con hipótesis bien definidas, contribuyeron a producir ideas todavía más vagas y confusas.

La persistencia de tal actitud queda patente en las afirmaciones de sir Oliver Lodge, cuando dijo en su conferencia de Halley Stewart en 1926: "Sólo con los ojos físicos no podemos penetrar en las profundidades de la realidad." Que viene a ser algo parecido a lo que diría más tarde Charles Richet, al final de una serie de explicaciones: "Yo creo en toda aquella futura hipótesis que no puedo formular porque no la conozco."

Hubo un gran declive en el interés por la ESP, que aumentó a partir de 1920 debido a los terrores de la Gran Guerra. Muchos sintieron la necesidad de explicaciones acerca de la vida y la muerte, que no fuesen meramente físicas. Y en esta etapa los psicólogos pasaron a engrosar las filas de los investigadores que realizaban experimentos con toda minuciosidad.

Se efectuaron pruebas de telepatía para determinar el nivel de aciertos que podía lograrse con la adivinación de naipes en que pensaban otras personas. Los resultados no fueron muy esperanzadores.

El doctor J. E. Coover, psicólogo de la Universidad de Stanford, fue uno de los primeros en utilizar una baraja. Eliminó las figuras de los cuarenta naipes e hizo que un centenar de diferentes emisores y adivinadores, situados en diferentes habitaciones, realizasen las pruebas. Se consiguieron 294 aciertos de un total de 10,000 pruebas. Se calculó que el número de respuestas correctas, si intervenía el azar, era de 250. El número de aciertos fue, pues, aceptable, pero aquello no constituía prueba de la existencia de telepatía.

Sin embargo, el ya citado doctor Rhine, de la Universidad de Duke, habría de ser quien sentaría la base de la actividad telepática con los excelentes resultados obtenidos en su extensa serie de test. Su material estaba compuesto de las conocidas cartas de Zener, y los estudiantes, los encargados de realizar toda clase de experimentos. Uno de estos sujetos llegó a adivinar las cartas exactas de un paquete especial de cinco naipes diferentes durante más de veinticinco pruebas consecutivas.

En 1938 los doctores Pratt y Woodruff estuvieron encargados del cuidadoso control de una serie de pruebas. Dos experimentadores permanecían constantemente como testigos, se tomaban notas independientes por duplicado en un papel especial a prueba de fraude, y una de las copias se encerraba bajo llave.

Los sujetos elegidos al azar, obtuvieron, para las 2,400 pasadas, un promedio de aciertos tan elevado que sólo una vez entre un millón podía haberse obtenido semejante resultado por medio del azar.

La prueba con las cartas Zener, como ya se ha explicado, es muy sencilla, y sirve, con notable frecuencia, para establecer la capacidad de facultad ESP que pueda poseer el sujeto que intente la experiencia. Anteriormente se ha indicado con bastante claridad la manera de llevarla a cabo. Si usted está interesado en obtener un resultado positivo, procure ejercitarse con ella y practique con constancia, seguro de que obtendrá óptimos resultados.

Las cartas de Zener siempre han servido de gran adiestramiento para el desarrollo de la facultad ESP y luego realizar nuevos y más complicados ejercicios, como pueden ser el adivinar números o algún dibujo realizado por el sujeto emisor.

Debe tenerse en cuenta, y aquí vuelvo a repetirlo, que cada ejercicio debe ensayarse bien, y procurar que la actitud mental sea la precisa para llevar a cabo las prácticas. La serenidad y el relajamiento son fundamentales para el resultado final. Por ello, insisto, debe mantener los factores más idóneos a su favor, cada vez que intente la experiencia, durante los ejercicios.

Las pruebas reunidas por el doctor Rhine durante los primeros años de su trabajo con la adivinación de cartas, fueron formidables, pero no concluyentes. Algunos expertos parapsicólogos las criticaron severamente, basándose en que las condiciones experimentales no podían excluir los murmullos voluntarios por parte del emisor. Tampoco se podía demostrar, de manera indiscutible, que no tuviese lugar ningún fraude.

No obstante, la primera acusación cayó por su propio peso cuando se estableció que el emisor y el destinatario se encontraban a gran distancia.

Los experimentos llevados a cabo entre los psíquicos Pearce y Pratt lo dejaron bien patente. Los aciertos obtenidos cuando el emisor y el receptor se encontraban a sólo un metro de distancia fue de 8 sobre 25; cuando la distancia aumentó a cien metros, se alcanzaron 9 sobre 25, y se llegó a 7 sobre 25 al situarse ambos sujetos entre los doscientos cincuenta metros.

Esta diferencia del número promedio de aciertos en cada caso, no es muy significativa, puesto que otros test también han ofrecido una falta similar de variación, incluso a través de distancias muy largas.

Con los ya citados experimentos llevados a cabo con pinturas, realizados por el investigador británico Whately Carrington, hubo plena confirmación de lo expuesto, ya que algunos de los sujetos actuantes se hallaban situados en diversas partes de Europa y de Estados Unidos. Carrington observó que a mayor distancia entre el emisor y el receptor, más elevado resultaba el promedio de aciertos.

Sin embargo, ninguno de todos estos experimentos ha demostrado algo realmente concluyente. Existen, son, es posible llevarlos a cabo y maravillarse con su efecto. Pero nada más. El doctor Soal, que se pasó toda su vida investigando la ESP, declaró en 1951: "En el estado actual de nuestros conocimientos, hay poca justificación para la tan repetida afirmación de que la telepatía es independiente del espacio o de la distancia." Lo que equivale a reconocer su real existencia, su posibilidad de actuación, pero siempre fuera de la órbita de una comprensión lógica de demostración científica.

Hace casi cincuenta años, en el III Congreso Internacional de Investigaciones Físicas, el francés René Warcollier describió cómo había transmitido unas imágenes mentales entre París y Nueva York obteniendo un logro de aciertos del 33.3 por ciento.

Aún era la época heroica en que los pioneros desbrozaban pacientemente el terreno sobre el que sólo se aventuraban raros, pero brillantes, científicos que predicaban en un desierto poblado de incrédulos.

Cuarenta años más tarde, en agosto de 1966, un comité científico ruso aceptó verificar un gran test de telepatía entre Karl Nikolaiev, periodista, actor y telépata por vocación, con uno de sus amigos, el biofísico Yuri Kamensky.

El primero se situó en Novosibirsk, en Siberia, y el segundo en Moscú, a tres mil kilómetros de distancia. Los observadores que asistían en Moscú a la experiencia, entregaron a Kamensky, que desempeñaba el papel de agente, un paquete cuyo contenido él ignoraba. Luego lo encerraron en una habitación aislada eléctricamente y dotada de un sistema de televisión interior.

Cuando Kamensky abrió el paquete se encontró con seis objetos tan diferentes como puedan serlo un resorte de acero y un destornillador. Las imágenes de estos seis objetos tenían que ser transmitidas en un máximo de diez minutos, plazo fijado imperativamente por los observadores de la prueba.

En un principio, Kamensky palpó el resorte con aplicación mientras pensaba intensamente en Nikolaiev, quien, a través de tres mil kilómetros de distancia, intentó captar el mensaje al vuelo, como si estuviera jugando a las adivinanzas. Lo primero que dijo fue: "Es redondo, metálico, brillante, sin engranajes. Se parece a una bobina." Lo cual no dejaba de ser cierto.

La mitad de los mensajes fueron recibidos correctamente. La experiencia constituyó un éxito telepático bien demostrable.

Usted también puede realizar pruebas semejantes, sin necesidad de irsa a Siberia. Debe situarse en una habitación contigua a la del otro sujeto que le ayude en la experiencia. Buscar las condiciones adecuadas de lugar, ambiente y de situación emocional que son precisas para el desarrollo de esta clase de ejercicios, y una vez puestos en trance, que una tercera persona entregue al sujeto emisor unos objetos cuya identidad ignoran ambos participantes en el ejercicio. Al tacto, el sujeto emisor tiene que ofrecer la imagen mental al sujeto receptor. Este debe captar el mensaje y decir de qué se trata.

El ejercicio no es fácil al principio, y hasta puede que exista algún acierto por puro azar; pero esto no es válido. Se necesita la concentración propia del relajamiento y agudizar las cualidades de la ESP que ya se han experimentado en ejercicios anteriores, como el de las cartas de Zener.

Otro ejercicio muy interesante, dentro del mismo terreno, consiste en entregar al sujeto con capacidad telepática, o psíquica, un objeto de una persona que usted reconoce. Dígale que coloque el objeto en la palma de su mano izquierda y lo cubra con su mano derecha, y entonces relate cuanto acuda a su mente en ese instante respecto al objeto y al dueño: estado anímico, acontecimientos, molestias, etcétera. El hecho de que usted sepa a quién pertenece el objeto en cuestión, le permitirá saber la cantidad y calidad del acierto.

La parapsicología no es cosa de juegos incongruentes o más o menos divertidos, que muchos ejecutan en la clandestinidad. La NASA ha consagrado importantes estudios y fuertes sumas de dinero en experiencias parapsicológicas, sólo que la mayoría de las pruebas las mantienen en riguroso secreto.

Ya se ha indicado que la URSS hizo un gran test público que alcanzó honores de prensa internacional, entre Nikolaiev y Kamensky, pero también en secreto ha conseguido muy positivos avances con sus experiencias. Hablaremos con detalle de ellas, pero conviene señalar que desde 1960 tiene muy bien organizado su primer laboratorio para el estudio de la sugestión mental, dependiente del Instituto de Estudios Fisiológicos de la Universidad de Leningrado.

Casi todos los países del Este rivalizan en avanzadas investigaciones sobre la percepción extrasensorial, que abren perspectivas tan fascinantes como, por ejemplo, el aprendizaje, cincuenta veces más rápido, de una lengua extranjera, gracias al poder de sugestión.

En Friburgo, Alemania, se estudian con particular interés los fenómenos físicos, hasta ahora inexplicables, como son la lluvia de piedras.

En Inglaterra, la SPR ha encontrado una nueva juventud desde que la telepatía ha sido demostrada matemáticamente.

En Holanda ha sido el doctor Tenhaeff quien ha realizado en la Universidad de Utrecht impresionantes experiencias con Gerard Croiset, uno de los grandes médiums mundiales contemporáneos.

Varios profesores de la Universidad de Amsterdam han hecho interesantes investigaciones concernientes a la influencia de las drogas sobre las percepciones extrasensoriales.

En Italia, donde existe una asociación italiana de metafísica y una sociedad de parapsicología, se investiga, en la Universidad Pontificia de Letrán, la relación entre las curaciones milagrosas y las facultades PSI, lo que no está en contradicción con una eventual intervención divina.

El PSI es lo que produce los sueños premonitorios, la clarividencia, la transmisión del pensamiento y permite mover los objetos a distancia. Incluye a la ESP y a la facultad de influir sobre la materia.

Francia, donde Charles Richet inició la vía seguida por los parapsicólogos modernos, cuenta con el Instituto Metafísico Internacional, reconocido de utilidad pública, que prosigue sus trabajos a título privado. En Nanterre también se han formado grupos de investigaciones parapsicológicas; y en Burdeos, la asociación fundada por René Perot, continúa sus investigaciones con el doctor Jena Barry y M. Clauzure, algunas de cuyas experiencias parapsicológicas han encontrado amplio eco en Norteamérica.

# 7

# Desarrollo de las Facultades de la ESP

YA SE HA indicado que cada uno de nosotros tiene escondido en su subconsciente ese don de la percepción extrasensorial en un mayor o menor grado bien en la forma de transmitir o de recibir telepáticamente, bien a través de la clarividencia, la premonición u otros aspectos.

Las manifestaciones raras, caprichosas, desconcertantes, tienen lugar preferentemente entre los niños, los adolescentes y luego los adultos que tengan una débil estructura mental, y más o menos bien guardados los límites entre el consciente y el subconsciente.

En muchos casos el don telepático yace claro, evidente, una o dos veces en la vida; luego desaparece completamente o se atenúa con el paso de la edad. Pero en una gran mayoría de casos se encuentra latente, esperando que alguien o algo lo despierte. Y casi siempre se descubre mediante test experimentales.

Si tiene usted ganas de probar sus posibilidades, empiece practicando el test más sencillo: adivinar las cartas Zener, u otras cualquiera, que alguien está mirando con atención en otra habitación.

Las cartas Zener son las más apropiadas para el experimento y se utilizan como ya se indicó en el capítulo anterior. Lo importante en este ejercicio consiste en relajarse física y mentalmente; vaciar el cerebro para concentrarse en una suave y sugerente idea de paz, de bienestar; a partir de aquí la concentración en las imágenes que va a transmitir o recibir, es un solo paso.

Siempre debe tener en cuenta que la visualización de las imágenes debe ser nítida, viva, tanto si transmite como si recibe. La imagen mental que se transmite debe verse claramente con los ojos de la mente; saber que esta ahí y toda ella puede emitirse sin titubeos.

René Warcollier, uno de los investigadores que ha aportado mucho a la parapsicología francesa, inventó el *Juego del reencuentro telepático,* que ha servido a muchos como ejercicio para desarrollar sus facultades de la ESP.

El agente, que circunstancialmente es el banquero, y el receptor disponen cada uno de dos juegos iguales de trece cartas. El banquero mezcla las suyas, tomando una al azar después de observarla. El receptor, que ha desplegado delante de sí sus trece cartas, escoge también una sin reflexionar, situándola sobre la del banquero.

Cuando las trece cartas se han agotado de una y otra parte, hay sobre la mesa trece veces dos cartas. Ya no queda más que valorar el logro estadístico en relación con el azar probable y saber, una vez contadas, cuántas cartas han sido cubiertas con otra similar.

Los puristas no consideran muy riguroso el juego ni los resultados, pues consideran que puede existir una trampa involuntaria o inconsciente; pero usted pasará un buen rato y además comprobará sus facultades psíquicas.

La trampa inconsciente que señalan los puristas suele darse con cierta frecuencia. Un parapsicólogo francés falló por **dejarse** coger en ella.

Cierto día en que examinaba unos vasos azules y rojos, pidió a su mujer que adivinara qué vaso estaba mirando. Sólo tuvo treinta errores en 140 intentos, lo que representaba un gran éxito. Se lo contó a un amigo físico y éste le indicó que tratase de tapar los oídos a su esposa.

Empezó el nuevo experimento tapando los oídos a su esposa, y los resultados no superaron el cálculo de las probabilidades. Así descubrió que al anunciar rojo o azul su tono cambiaba al nombrar el color que su mujer debía adivinar, y esta imperceptible diferencia era la que ponía sobre la pista del acierto a su esposa.

Los hipnotistas, telépatas y psíquicos que se dedican profesionalmente a las actuaciones teatrales, suplen mucho del factor ESP al tener un perfecto conocimiento del ser humano. Saben por sus rasgos fisionómicos y otras múltiples características, que ya han estudiado y analizado a conciencia, las probabilidades de éxito que pueden obtener realizando tal o cual experimento. Y también saben que muchos de sus fracasos se deben a la presencia de algún sujeto, entre los asistentes, de fuerte carácter negativo o de incredulidad. También saben que la sensación de éxito y de seguridad frente al público, contribuirá a facilitarle todos los experimentos. Una leve preocupación, una disonancia en el conjunto, perjudicará notablemente toda su actuación.

La relajación, el entrar en trance, para una actuación cualquiera, es situación indispensable para que artistas, actores, músicos, escritores o presentadores obtengan resultados netamente positivos. Memorizar toda una partitura sentado al piano es una proeza que sólo puede darse cuando el pianista penetra en ese mundo de la música que constituye su vida. Cualquier actor notable se desdobla hasta actuar con la personalidad del personaje que debe representar. Y los mismos escritores penetran en ese mundo paranormal que es el segundo estado y que se bautiza con el nombre de inspiración.

Goethe confesó haber escrito *Werther* en estado más o menos inconsciente, a la manera de un sonámbulo. Flaubert también llegó a confesar algo parecido cuando declaró. "En la visión poética hay alegría, es algo que va penetrando en uno. No es menos cierto que después ya no se sabe dónde se encuentra uno... A menudo esta visión se va realizando lentamente, poco a poco, como en las diversas partes de una decoración cuando se está montando, pero a veces también se realiza rápidamente, de modo fugaz, como las alucinaciones hipnogógicas. Algo pasa por delante de los ojos. Es entonces cuando es preciso echarse encima ávidamente."

La inspiración arrastra al artista hasta dejarle desarbolado, flotando en el mundo que le rodea y sin saber a ciencia cierta de qué le hablan o qué hace. Sus personajes imaginarios, su mundo creador, es algo que va viviendo con él paralelamente al mundo real que pisa, sufriendo alegrías, penas y consecuencias que nadie se explica por qué no están visibles más que para él.

Flaubert señalaba que mientras escribía el envenenamiento de Emma Bovary, tenía tal gusto a arsénico en la boca que él mismo se sentía envenenado y hasta sufrió dos fuertes indigestiones tan reales que llegó a vomitar su cena.

Lenardo da Vinci solía recomendar a sus alumnos que se situaran durante largo tiempo ante un muro blanco y que luego dibujaran en él todo aquello que se les iba apareciendo.

Son muchos los que experimentan a diario ese trance necesario para ponerse en seguida a realizar una obra sorprendente e incluso habitual. Nadie puede realizar un trabajo que precise cierta pericia, aptitud o energía si antes no se concentra y presta atención debidamente.

Por eso mismo, al intentar desarrollar las particulares aptitudes ESP de cada uno, es preciso dedicarles algo más que un simple interés curioso. La señora Sinclair, esposa del famoso escritor americano Upton Sinclair, ambos muy aficionados a los experimentos telepáticos, dio estas nobles directrices para aquellos que se proponen reconocer dibujos a través de la ESP:

"Cierre los ojos y relaje el cuerpo. Relájese completamente. Ponga su mente en blanco y sosténgala así. No piense en nada. Ya vendrán los pensamientos. Inhíbalos. Niéguese a pensar. Haga esto durante varios minutos. Es esencial inducir un estado mental y corporal pasivo. Si la mente no está pasiva, siente las sensaciones del cuerpo. Si el cuerpo no está relajado, sus sensaciones impedirán la necesaria pasividad mental... Ahora, completamente relajado, deje su mente en blanco... Manténgala así durante unos momentos, luego dé la orden mental a la mente inconsciente para que le diga a usted lo que hay en el papel que tiene en la mano. Mantenga los ojos cerrados y el cuerpo relajado, y dé la orden en silencio, con el mínimo esfuerzo posible. Sin embargo, es preciso dar esa orden clara y positivamente, es decir, concentrándose en ella. Diga a la mente inconsciente: «Quiero que el dibujo que hay en este naipe o papel se haga presente en mi consciencia.» Diga esto concentrando su mente en lo que está diciendo. Repita como si estuviera hablando con su otro yo: «Quiero ver lo que hay en este naipe.» Luego relájese otra vez manteniendo su mente en blanco y continúe así un momento; después, sin esforzarse, trate suavemente de ver todas las formas que puedan aparecer en el vacío, al cual usted está mirando con los ojos cerrados. No trate de evocar algo qué ver; espere únicamente y deje venir lo que sea... Esta técnica requiere tiempo y paciencia..."

No se asuste por esto del tiempo y la paciencia. Todo lo que se pretende en esta vida requiere tiempo y paciencia para conseguirlo. No se recogen cebollas si antes no se prepara la tierra, se siembra, se cuida el cultivo y se espera a que pase el tiempo.

Ahora que ya conocen los puntos básicos para intentar el desarrollo de sus facultades ESP, es decir, intentar recrear el estado de flotamiento agradable con el que uno pueda lanzarse a establecer alguna experiencia telepática, puede intentarlo procurando cuidar unos pequeños detalles muy importantes.

*Primero.* Determinar la hora exacta en la que usted desea empezar la experiencia de mantener contacto telepático con sus amigos.

*Segundo.* Cuando transmita o reciba, ayudándose de cartas, de fotos o de algún objeto familiar que le pertenezca, identifíquese con la cosa o la persona como si fuera posible verlo con sus ojos y oírlo con sus oídos.

*Tercero.* Forme la imagen mental después de habérsela representado con un máximo de intensidad; luego debilítela bruscamente, rechazándola de su mente.

También le es preciso saber:

—Un mensaje que no es enviado con claridad corre el riesgo de no ser recibido o de llegar tan difuminado que resulte irreconocible.

—Querer transmitir un pensamiento a alguien que no conoce o conoce muy poco, es como enviar una carta sin dirección.

—El resultado siempre depende del interés que se ponga en la experiencia y de la emoción con que está cargada la imagen mental.

—Varios fracasos con la misma persona no prueban nada, ya que el misterioso lazo telepático puede manifestarse con otra persona.

—El receptor debe estar tranquilo cuando espera el mensaje, al igual que debe permanecer relajado y con el espíritu disponible.

—Las investigaciones llevadas a cabo sobre la telepatía indican que el factor responsable de los fenómenos parapsíquicos se mueve realmente en dos direcciones: va del emisor al receptor y viceversa. También se ha comprobado que existen dos clases de telepatía: la verdadera, que se realiza a través de la actividad perceptiva del receptor, y la sugestión mental, en la que evidentemente el papel principal lo desempeña el agente.

—En la línea de estas observaciones, los parapsicólogos distinguen dos mecanismos de telepatía: la *gamma* con la actividad del receptor y la *kappa* con la actividad del agente. La primera es una forma de ESP mientras que la segunda, aunque sugiere formalmente la ESP, debe interpretarse como un fenómeno relacionado con los fenómenos parafísicos: es decir, los sonidos inexplicables, los movimientos espontáneos de objetos e incluso las apariciones de espectros de personas.

### FENÓMENOS PARAFÍSICOS

Otra evaluación científica de estos fenómenos se refiere a las llamadas casas frecuentadas o *poltergeístas* (del alemán *poltergeist:* duendes alborotadores).

Los informes sobre estos casos siempre están acompañados de serios problemas por la mala observación, la exageración e incluso el fraude. También en muchos casos existe una normal causa física que ha sido pasada por alto.

El caso más típico de este tipo es el ya conocido de la granja de los Fox. No obstante ha habido otros muchos casos de casas frecuentadas y de duendes alborotadores.

En 1882, la señorita Morton, estudiante de medicina, se trasladó a una casa de Clifton (Inglaterra). Unos años antes tuvo lugar en aquella casa una tragedia familiar. Cierta noche la joven Morton escuchó un crujido en la puerta de su habitación. Salió al corredor y en la escalera descubrió a una dama vestida de negro. Durante dos años la aparición surgió seis veces. Fue vista por su hermana, su hermano, la doncella y otros, hasta un total de 20 personas. Por las demostraciones de miedo, dos perros también debieron verla.

El espectro se veía con absoluta claridad, aunque para algunas personas no era visible en el momento que lo veían otras.

La señorita Morton trató de hablar con ella, intentó tocarla e incluso ató unos hilos de lado a lado de la escalera y la persiguió, pero nunca obtuvo respuesta ni pudo alcanzarla. Una vez se le escapó a través de la pared.

Durante un año más el espectro se hizo cada vez más asiduo, pero al año siguiente ya empezó a hacerse más difuso. En 1889 dejó de verse, pero sus pasos aún siguieron oyéndose hasta 1892.

La figura fue identificada como la señora que había vivido unos años antes en la casa, y siempre se mostraba por los sitios que más le habían gustado en vida. Siempre realizaba la misma acción, caminaba de la misma forma y visitaba los mismos lugares. Nunca mostró ningún síntoma de reacción inteligente: parecía como en un sueño.

Unos casos aún más recientes señalan estos fenómenos que han dado en llamarse poltergeístas. Ocurrió en 1963, en la clínica ortopédica del doctor Cuenot, en Arcachón. De mayo a septiembre un bromista espíritu se dedicó a bombardear a los enfermos con guijarros, morrillos y demás fragmentos de ladrillo de origen misterioso.

Los primeros guijarros fueron atribuidos a los pájaros que se subían al tejado; pero las piedras caían tan regularmente alrededor de la misma joven que fue preciso sospechar que los pájaros debían ser demasiado revoltosos.

Al marcharse la joven de la clínica, vino a ocupar su sitio otra muchacha que apenas contaba diecisiete años. La caída de piedras aumentó y siempre en torno a la misma chica. Los enfermos temían hacer el ridículo y no avisaron a nadie durante dos años. Rehusaban creer en lo irracional del caso y organizaron una estrecha vigilancia alrededor de la jovencita, sin obtener ningún resultado.

La jovencita se decidió a prevenir al director; éste habló con la policía, y ésta mareó a la muchacha con sus interrogatorios. Mientras cayeron unas trescientas piedras, rozando a los enfermos, pero sin causarles daño, y golpeando los postigos de las ventanas. Llegaban de diferentes direcciones, como si se tratase de varios tiradores. Entraban por las ventanas abiertas desde una amplia avenida vacía en la que hubiera sido fácil descubrir a un tirador.

El director, que lleva veintitrés años al frente de la casa y la conocía en todos sus rincones, hizo que se registrase minuciosamente sin obtener ningún resultado. Al final decidió dirigirse al Instituto Metafísico Internacional para que enviasen alguien que investigara el fenómeno. No se trataba de una alucinación colectiva, pues las piedras fueron fotografiadas.

Acudió el parapsicólogo Robert Tocquet, excelente prestidigitador y autor de *Los poderes secretos del hombre*. Durante algún tiempo aún estuvieron cayendo piedras, pero al concluir sus interrogatorios con la muchacha cesó el fenómeno que parecía provocar la caída de piedras.

Robert Tocquet tuvo la convicción de que se trataba de un fenómeno de poltergeist en relación con la muchacha, sin que ella tuviera responsabilidad. Sin embargo, no pudo sostener su convicción con ninguna prueba.

En 1966 Hans Bender demostró en la televisión americana que había tenido más suerte, al presentar un filme titulado *El mundo desconocido de los ESP*.

Había sido realizado por el profesor Bender, director de la cátedra de parapsicología de Friburgo. Se basaba en una historia que fue publicada por los periódicos alemanes de junio de 1965. Se refería a los extraños sucesos ocurridos en un almacén de porcelana de Bremen.

Las investigaciones de la policía no obtuvieron resultado alguno. Sin embargo, cuando el aprendiz Heiner fue enviado a su casa, dejaron de suceder.

Un aficionado a la parapsicología sospechó que aquello pudiera ser caso de poltergeist y aconsejó al dueño del almacén que se deshiciera del muchacho.

Hans Bender tuvo conocimiento del hecho e inmediatamente se presentó en el almacén. El estante de porcelanas aún estaba repleto de jarras fracturadas. Bender registró magnéticamente los testimonios, reconstituyó y fotografió las escenas más características, y realizó un análisis psicológico.

Una vez en posesión de todos los datos, sacó la conclusión de que se trataba de unos fenómenos psicocinéticos.

Procuró que el muchacho, Heiner, entrara en el servicio de adolescentes de una clínica psiquiátrica para tenerlo en observación. Pronto aparecieron fenómenos análogos a los de Bremen, con gran sorpresa de los psiquiatras y de los psicólogos.

Al salir de la clínica, varias semanas después, Bender le encontró una plaza de aprendiz con un electricista. El muchacho tuvo que instalar unos cables eléctricos en el subsuelo de una nueva escuela. Se colocaron gran número de ganchos sobre los muros de hormigón con la ayuda de tuercas introducidas en unos tacos de plástico. El contramaestre en seguida se dio cuenta de que las tuercas fijadas adquirían juego y se soltaban fácilmente.

Entonces decidió hacer una prueba: él mismo fijó dos ganchos, asegurándose de que estaban sólidamente sujetos. Luego, en presencia de los obreros, situó a Heiner a un metro del muro, sin que apartase la vista de las tuercas. A los pocos minutos estaban flojas, sin que nadie las hubiera tocado.

Hans Bender y su equipo tomaron fotos con flash y lo registraron todo sonoramente.

Al mes siguiente se produjeron otros fenómenos. Al paso de Heiner estallaban los tubos de neón, saliendo de su sitio varios objetos y destruyéndose el material eléctrico, tras lo cual el electricista decidió prescindir de los servicios del muchacho. Bender tampoco pudo continuar sus experimentos, porque los padres del muchacho creían que era cómplice del diablo.

Otro caso reciente data de noviembre de 1967. Ocurrió en la ciudad de Rosenheim (Alemania). En el despacho de un abogado se observaron unos extraños fenómenos: los tubos de neón del techo se fundían una y otra vez. Los electricistas los encontraban agujereados. Se oían ruidos agudos, los plomos se fundían sin causa alguna, las bombillas explotaban, los cajones se abrían solos, los cuadros se movían de la pared, y cosas por el estilo. También se registraron unas llamadas telefónicas que no se hicieron. Ni la policía ni los expertos encontraron una causa normal a estos fenómenos. Al final se descubrió que se producían involuntariamente a causa de una empleada de 19 años.

Han sido muchos los testimonios que se recogieron sobre la caída de piedras y fenómenos similares. Un comandante francés de la gendarmería, E. Tizane, tuvo la idea de cotejar todos los informes concernientes a casas importunadas durante veinte años. Sus conclusiones resultan algo turbadoras:

—Sucede a menudo que una casa sea sometida a una verdadera lluvia de proyectiles. Caen piedras sobre el tejado, rompiendo cristales y penetrando por las aberturas. Raramente se producen otros fenómenos en el interior mientras dura el bombardeo exterior.

—Se oyen golpes en las puertas, los muros o los muebles. Teniendo lugar en los mismos lugares o bien por toda la casa.

—Se abren solas puertas, ventanas e incluso armarios bien cerrados.

—Se observan crujidos y ruidos extraños.

—Los objetos desplazados de su sitio no suelen seguir una trayectoria regular. Se comportan como si fueran transportados, sorteando, incluso, los muebles que hay a su paso.

—Algunos ejemplos muestran objetos que penetran en espacios cerrados.

—No producen daño a nadie.

—Cuando los objetos son manipulados por algún testigo, dan la impresión de estar calientes, lo que supondría una transformación de energía.

—Los fenómenos se producen casi siempre en la proximidad de un joven o una adolescente.

Las pruebas de que no puede tratarse de invenciones ni de alucinaciones han sido muy concluyentes; pero el origen de los hechos que desafían las leyes clásicas de la gravedad aún es más desconcertante y desconocido.

## PRECOGNICIÓN Y CLARIVIDENCIA

El rasgo más extraño de la ESP es, sin duda, la evidente habilidad para cruzar la barrera del tiempo. A través de la percepción extrasensorial se puede obtener el conocimiento del pasado, *retrocognición,* y saber cosas del futuro, *precognición.*

La precognición ha llamado la atención de la gente de todos los tiempos y civilizaciones. Las consultas a los oráculos de Delfos o de otros templos, no tenían más misión que predecir los acontecimientos futuros.

El hombre siempre quiso saber su destino futuro más de lo que ha podido inferir de su conocimiento presente.

Existen numerosos informes sobre fenómenos espontáneos de precognición, referidos en forma de sueños clarividentes, vagos presentimientos y experiencias similares que parecían anunciar algún suceso futuro. Pero tales experiencias no sirven como pruebas convincentes de la precognición, en su sentido científico. Su correspondencia con la realidad puede ser accidental o construida artificialmente.

Por otro lado, una experiencia subjetiva con cierto significado puede resultar de las aprensiones o deseos de la persona, y posteriormente pueden cumplirse de una manera normal y no parapsicológica.

Sin embargo se han registrado ya muchas experiencias precognoscitivas de tipo cualitativo. He aquí dos casos referidos a la clarividente, señorita De Berly:

En mayo de 1914 predijo al señor R. P., de 31 años, que llevase cuidado porque le veía en gran peligro, aunque saldría airoso de él. Un mes más tarde, cuando el señor R. P. le pidió consejo respecto a su próximo matrimonio, la clarividente le contestó: "No se casará con esa persona... Le veo echarse atrás... Un suceso le separará de ella... Le veo vistiendo uniforme... y montando muchas veces a caballo... Ordena que se caven unos pasadizos... muy largos... No se casará hasta que termine ese trabajo... pero no será antes de los 35 años... Será con una joven de pelo castaño y con sangre extranjera en las venas." Poco después estallaba la primera Guerra Mundial. R. P. fue movilizado, ostentó el cargo de oficial y una de sus tareas fue cavar trincheras. Fue herido tres veces de gravedad. Se casó a los 36 años, después de la guerra y con una joven de pelo castaño de procedencia italiana.

El otro caso está relacionado con el parapsicólogo francés Osty, quien estudió muy detalladamente estos casos de precognición. La clarividente le dijo en una ocasión que veía su vida en peligro, después de algún tiempo. Tal vez por un accidente; pero saldría airoso. Año y medio más tarde volvió a darle más detalles: "Lleve cuidado, pronto sufrirá un accidente... Oigo un fuerte estruendo... un gran ruido. Su vida correrá peligro... ¡Qué suerte! Saldrá sin daño... Veo un hombre tendido en el suelo, gimiendo y sangrando... a su alrededor hay unos objetos que no puedo describir." Cinco meses más tarde, en agosto de 1911, el coche que conducía Osty chocó contra una carreta de un panadero. La colisión fue tan fuerte que las varas del carro se incrustaron y destrozaron la carrocería. El caballo salió despedido. En medio de la carretera quedó tendido el panadero, sangrando y lamentándose, rodeado de unas diez barras de pan. Ni Osty ni su compañero recibieron daño alguno.

Un dato importante de la precognición es que se halla sujeta a diversas restricciones. El clarividente no suele ser capaz de predecir su propio futuro. Sin embargo, existe registrado algún caso en que una persona predijo su propia muerte.

Sucedió con una joven que se hallaba en una completa amnesia hipnótica. Se le preguntó qué esperaba de su futuro como actriz, y ella respondió: "Mi carrera será corta. No me atrevo ni a decir como acabaré. Será terrible." Al despertarse, no recordaba nada y por razones obvias no le revelaron su predicción. Alrededor de un año más tarde, encontrándose en la peluquería, y debido a la estufa, los cosméticos inflamables ardieron. El fuego se propagó a las ropas de la actriz y al cabo de unas horas moría en el hospital con quemaduras gravísimas.

Los estudios sobre la precognición han demostrado la ausencia de predicciones de hechos generales y abstractos. Como norma general siempre informan sobre visiones concretas, dicen características de las personas o describen su vida. Entre estas escenas concretas se encuentran aquellas que se producen por sucesos generales, pero estos acontecimientos sólo se señalan por símbolos o por la inferencia de visiones concretas.

Osty ha señalado que en el periodo anterior a la primera Guerra Mundial los sujetos no le predijeron que estallaría la guerra, sin embargo, a varias personas se le predijeron situaciones motivadas por la guerra.

Entre las restricciones de la precognición se halla la de la libre voluntad. Louise Rhine estudió fenómenos espontáneos de personas que trataron de interferir el suceso predicho, y diversos autores han recogido numerosos casos. Pero debido a la naturaleza del problema sólo convencen realmente aquellos en que el hecho predicho se cumple a pesar de los esfuerzos por evitarlo.

Tal ocurre en el caso del señor Morris, agente de una compañía naviera. Mientras navegaba soñó una noche que una esquirla de una salva dedicada a él le heriría mortalmente. Asustado por el sueño, rogó al capitán del barco que se abstuviera de realizar la salva de bienvenida que estaba previsto hacer a su llegada. Al final se convino en que se haría cuando Morris estuviera en lugar seguro y diera la orden al capitán para que éste levantara el brazo en señal de disparar el cañón. En el momento crítico se posó una mosca en la nariz del capitán. El movimiento que hizo con la mano fue tomado por los artilleros como la señal, e hicieron fuego. La esquirla de la carga hirió gravemente al señor Morris, quien murió días más tarde.

Otro caso similar se refiere a un escocés que soñó cómo extraían su cuerpo de un lago cercano, mientras sus amigos permanecían alrededor del cadáver. Tanto le impresionó el sueño que decidió no visitar nunca el lago. En cierta ocasión se vio forzado a romper esta determinación y fue con unos amigos al lago, pero con la condición de cruzarlo por la vía más corta. Sus amigos lo harían en barco y él terminaría caminando por la orilla. El barco cruzó sin problemas y después de dar un paseo ancló donde esperaba el escocés a sus amigos. Cuando éstos se reían de sus supersticiones, la orilla, que estaba minada, se abrió de repente bajo sus pies y el hombre cayó al agua y se ahogó antes de que pudieran rescatarlo.

Unos intentos interesantes para controlar la precognición fueron las experiencias llevadas a cabo con las llamadas pruebas de la silla. Osty las investigó en Francia utilizando como sujeto a Pascal Fortuny, pintor, autor dramático y crítico de arte, que hablaba varios idiomas y que se reveló como vidente poco después de la muerte de su hijo.

Una de las experiencias la realizó en el salón del Instituto Metafísico Internacional. Poco antes de una reunión fue designado un asiento, al azar, por Fortuny, quien dio todos los pormenores acerca de la persona que ocuparía aquella silla.

En el momento de la sesión se distribuyeron unos números cogidos al azar, a las personas que iban llegando. El hombre que se sentó en el sillón señalado por Fortuny era del todo parecido, en muchos detalles, al retrato que de él se hiciera, tanto en el aspecto físico como moral.

En otra ocasión la señora Geley, esposa de uno de los directores del Instituto, quiso probar sus poderes y le entregó un bastón. Fortuny tomó el bastón y habló de un lejano país y de un joven oficial que realizó una campaña en Oriente y cuyo barco fue torpedeado en la travesía de regreso.

La señora Geley reconoció que todo era exacto. El bastón perteneció a un joven oficial francés que participó en la campaña de Grecia durante la Guerra del 14, y cuyo barco fue torpedeado a su regreso a Francia. El oficial salvó la vida, pero murió poco tiempo después.

Más recientemente el profesor Tenhaeff llevó a cabo otra serie de experiencias similares en la Universidad de Utrecht con el clarividente Gerard Croiset.

Una de sus inhabituales experiencias consistió en ir a una sala de espectáculos vacía, sentarse en el asiento que le designara Tenhaeff y describir a la persona que acudiría a sentarse en aquel sitio. El resultado fue tan sorprendente que Tenhaeff se dedicó a repetir la experiencia de la silla vacía ciento cincuenta veces. Croiset no se equivocó nunca.

Para estudiar este caso tan excepcional se le unió el profesor Bender, de la Universidad de Friburgo.

El 6 de enero de 1957 realizó la siguiente prueba en Utrecht ante diversos profesores de la universidad parapsicológica. Hizo una predicción relativa a una reunión que tendría lugar 25 días más tarde en la ciudad de La Haya, sin estar en el local y sólo con ver el plano y elegir el lugar que más atrayese su atención.

Escogió el asiento número 9. Dijo que en la fecha indicada se sentaría una señora de edad mediana, casada, muy interesada por el cuidado de los niños. Entre 1928-1930 había estado muchas veces cerca de las aguas minerales de Scheveningen. De niña frecuentó un lugar donde se producía mucho queso; vio una granja ardiendo y animales quemándose. También vio a otros tres chicos, uno de ellos trabaja en ultramar, en una colonia británica. Luego señaló que uno de los muchachos había muerto a causa de la ocupación alemana. Se extrañó de que la mujer se excitase ante la ópera *Falstaff* y señaló que no era la primera ópera que veía. Luego señaló que su padre obtuvo una medalla de oro por los servicios prestados y que la señora había ido al dentista con una niña pequeña, y se había inquietado mucho.

Cuando llegó la fecha de la reunión los participantes sabían que se iba a efectuar un experimento, por lo que debían elegir al azar sus asientos. Cada uno de los 30 asistentes extrajo una carta de una baraja en la que un número determinaba su asiento. Luego cada uno recibió una transcripción de las declaraciones de Croiset para que las confrontaran. Uno de los participantes, la señora D. admitió que se referían a ella. Tenía 42 años, estaba casada, era activa y se interesaba mucho por el cuidado de los niños. Su padre, que trabajaba fuera de Holanda, solía llevarla a Scheveningen. En su infancia visitó muchas veces una granja en donde se producía mantequilla; más tarde la granja y los animales se quemaron. Su marido tenía dos hermanos: uno de ellos se alistó en la guerra de Indonesia, pero se quedó en Singapur y el otro murió en un campo de concentración alemán. La señora D. era cantante de ópera, y la primera que había cantado era *Falstaff;* aparte de eso, se había enamorado del tenor que actuaba con ella. Cuando su padre se retiró recibió una pitillera de oro con una inscripción. Poco antes de la reunión, la señora había ido al dentista con su hija pequeña: la niña estaba muy asustada y había sufrido mucho durante la visita. A la señora D. le correspondió la silla 9.

Los sorprendentes poderes de Gerard Croiset sirvieron para que en julio de 1973, sin dejar su oficina de Holanda, prestase un servicio a la policía francesa.

Había desaparecido una joven de la región de Chambery. Sus padres avisaron a los gendarmes y se realizaron investigaciones y rastreos de toda clase. El padre de la niña interrogó a varios radioestesistas, que situaron el cuerpo de la niña en un perímetro próximo que en vano rastrearon cazadores y bomberos.

Entonces el padre se enteró por un amigo de la existencia de Croiset. Estableció una cita con él y se presentó en

Holanda con una foto de su hija y un mapa de la región. Croiset, después de haber examinado largamente la foto y el mapa, describió, con abundancia de detalles, el camino seguido por la joven para llegar a un lugar situado al pie de la Croix des Nivollet, a varios kilómetros de Saint Alban Leysse.

De regreso a Francia, el padre realizó el trayecto indicado en compañía de cuatro amigos alpinistas. Exactamente donde Croiset había indicado, encontraron el esqueleto de la muchacha.

Servicios de este tipo han sido prestados a las policías de diversos países por individuos cuya clarividencia estaba bien demostrada. Uno de los casos más curiosos estuvo relacionado con el robo de la piedra de la Coronación, cogida por los nacionalistas escoceses de la abadía de Westminster. La recuperación se debió a Peter Hurkos.

Este clarividente holandés, había sido un pintor de edificios. Se llamaba Peter van der Hurk hasta que cierto día se cayó de una escalera de mano y se fracturó el cráneo. Esta fractura le convirtió en otro hombre.

Desde el inicio de su convalecencia descubrió que leía como un libro abierto en el pensamiento de las personas que le frecuentaban y que también veía desfilar por su mente a personas que no estaban en su presencia. Estas visiones parásitas le decidieron, una vez restablecido, a sacar partido de ellas bajo el nombre de Peter Hurkos. En 1950 Scotland Yard le llamó para solicitar su colaboración en el robo de la piedra de la Coronación, que pesaba doscientos cincuenta kilos, y había sido sustraída de la abadía.

Apersonado en el lugar del hecho, Hurkos señaló que, para desplazar la piedra de su zócalo, los ladrones se habían servido de una palanca que podía encontrarse en un armario de la abadía. Efectivamente, allí estaba. El laboratorio de la policía descubrió en ella trozos calcáreos que pertenecían a la piedra.

A continuación Hurkos hizo el retrato de los ladrones y dio detalles sobre ellos, que fueron comunicados a la prensa. El retrato debió ser tan parecido que los ladrones, asustados, depositaron la piedra en una abadía escocesa.

Otro de los clarividentes que ha prestado notables servicios a la policía es el sueco Olof Jonsson. Siendo ingeniero en su país ya fue requerido por un amigo periodista, en 1952, para que colaborase en el descubrimiento de un loco que llevaba cometidos trece asesinatos en la población de Tjornarp. Tras diversas experiencias sensitivas en los lugares en que se habían cometido los asesinatos, siempre de manera distinta y como cosa fortuita, Olof llegó a descubrir al asesino en el oficial de policía que siempre le acompañaba en sus investigaciones.

En agosto de 1966, ya en los Estados Unidos, tuvo que prestar sus servicios psíquicos para descubrir el paradero de tres jóvenes de la región de Chicago que desaparecieron durante una excursión a las dunas de Indiana.

Durante tres meses las autoridades habían realizado una intensa operación de búsqueda y rastreo sin descubrir ni huellas de las tres muchachas. Se pensó que habían sido raptadas o asesinadas, hasta que al fin Olof Jonsson convenció a los investigadores de que abandonasen sus teorías y considerasen a las tres como fugitivas.

Jonsson afirmó estar seguro de que las muchachas se encontraban en Saugatuck, se habían teñido el pelo, cambiado de peinado y hacían lo posible por vivir su vida y no ser reconocidas. La policía investigó en Saugatuck sin mucha convicción. Creían haberlas identificado, pero tenían dudas.

Los padres de una de las muchachas suplicaron a Jonsson que tuviera la bondad de desplazarse con ellos y un policía de Indiana, para investigar, y en seguida pudieron confirmarse sus convicciones. Las muchachas habían sido vistas en distintos lugares, se habían teñido el cabello y lo llevaban corto. Cuando las localizaron se supo que fue una fuga preparada por ellas.

Frecuentemente se ha suscitado la pregunta de cómo explicar la precognición. Las especulaciones han sido de todo punto fantásticas, pero se han sugerido tres hipótesis que permiten explicarla un poco sobre la base de los efectos contemporáneos.

La primera reduce la precognición a la telepatía. Todos los planes e intenciones de otros individuos se hallan almacenados en su subconsciente, y por telepatía pueden leerse y luego utilizarse para deducir el curso de los acontecimientos futuros.

La segunda presupone una intensísima facultad clarividente, gracias a la cual se averiguan los datos notables con los que se hacen las inferencias oportunas.

Finalmente, se reduce la precognición al factor PK y se presupone que el sujeto utiliza su habilidad PK para influir en todos los factores causales importantes para amoldar el suceso final a la descripción dada previamente.

El factor PK es el referido a la Psicoquinesia, influencia directa y única del espíritu sobre la materia.

René Perot, ingeniero francés y parapsicólogo, demostró que cualquiera que no poseyera un don particular y aparente, podía desarrollar sus facultades clarividentes.

Desarrolló el experimento con su esposa. Esta hizo 350.000 ensayos de media hora en un test de cinco a diez juegos por sesión, cada día, durante diez años. El material de estudio eran cinco cartas Zener, cinco cartas impresas con vocales mayúsculas y cinco cartas coloreadas por un lado en amarillo o azul, blanco, rojo o verde.

El entrenamiento se basaba en el desarrollo de los automatismos inconscientes.

Al cabo de diez años los test de clarividencia eran positivos en un 200%, lo que significaba que la señora Perot gozaba de una percepción extrasensorial revelada en el entrenamiento y sin duda al precio de cierta perseverancia.

René Perot llegó a la conclusión de que la función ESP se halla relacionada, después de un entrenamiento correcto, con el reflejo condicionado. Pero también obtuvo una curiosa constatación.

El test de clarividencia de los colores consistía en situar sobre una de las cartas de color que ella veía el color correspondiente entre las cinco veces, cinco cartas perfectamente anónimas que se ofrecían a su elección. Después de varias repeticiones, ella dudó sobre una carta, para acabar tomando la buena, lo que indicaba, según Perot, la naciente manifestación de la facultad PSI.

Existe una serie de pequeños o sencillos test con los que pueden descubrirse la facultad de la ESP, y con la práctica de los cuales puede obtenerse un buen desarrollo sensitivo que habrá de mejorarse con nuevos y más complicados ejercicios.

A continuación se explican cinco test de diversa graduación y con los que se debe llevar un buen entrenamiento si quieren obtenerse resultados satisfactorios.

*Test número uno:*

El que hace de emisor o instructor fijará la atención en un número cualquiera. Debe estar comprendido entre el uno y el diez. El número de una cifra. El tiempo de fijación no debe pasar de treinta segundos. Luego se invita a los participantes a que sintonicen, pero sin concentrarse. Cada uno debe apuntar su número en un papel.

Un pequeño porcentaje acertará el número correcto. Si alguno acierta, demostrará que es un excelente sujeto para test posteriores.

*Test número dos:*

El emisor hace igual que en el ejercicio anterior, sólo que esta vez habrá elegido tres números en vez de uno. Los tres comprendidos entre el uno y el diez, reteniendo la atención por espacio de treinta segundos.

Se invita a sintonizar a los asistentes, sin concentrarse, y a que apunten los números que creen son los correctos.

Unos acertarán dos de cada tres, o uno, o todos, sean o no correlativamente. Los que acierten dos de cada tres, son buenos sujetos para continuar las experiencias.

*Test número tres:*

El emisor compone una sencilla frase que en seguida pasará a examinar: primero palabra por palabra, luego todo el conjunto con la idea que expresa. No debe emplear más de un minuto.

Los asistentes tratarán de apuntar lo que creen que el emisor les trasmite, aproximándose al significado de la frase, aunque sin emplear las mismas palabras. Acertarla o aproximarse al máximo indicará claramente el valor de cada sujeto.

*Test número cuatro:*

Este ya es un ejercicio más complicado, pero apto para quienes han obtenido buenos resultados practicando los anteriores.

Se realiza solicitando unos objetos de escasas dimensiones a un grupo de personas: relojes, peines, anillos, etcétera. Si los objetos pertenecen a un mismo propietario, mejor. Cada objeto debe colocarse dentro de un sobre en blanco y numerarse cada sobre. Todos los sobres deben colocarse en un recipiente o un cesto. Se barajan y luego se pide a la persona que dirige la prueba, que saque un sobre, a su elección. Puede ser la misma persona que deba demostrar sus facultades, la cual ignora qué objeto hay en el sobre y a quién pertenece.

La experiencia consiste en averiguar quién es el propietario del objeto que se encuentra en el sobre, no la naturaleza del objeto, pues resultaría muy visible.

Al registrarse los resultados, se da a cada acierto un punto. El total de puntos no debe exceder de diez.

*Test número cinco:*

La pericia para este nuevo ejercicio ya entra en las verdaderas facultades ESP. El entrenamiento ha debido ser concienzudamente preparado para que las percepciones sean muy sensitivas.

Se pide a cada uno de los presentes que escriba una sola frase, a su elección, en un papelito. Debe ser escritura corrida, nada de letras mayúsculas que imiten las de imprenta. Se doblan todos los papelitos y se entregan al emisor en un recipiente.

La prueba consiste en que cada papelito extraído debe ser leído por la parte no escrita, sin ver nada del otro lado.

Al final se registran los resultados, dando a cada acierto un punto. Diez puntos es el máximo.

## PODERES PSICOQUINÉTICOS

Sobre las experiencias psicoquinésicas ya se ha hablado en otras partes de esta obra, pero conviene añadir algunas observaciones más acerca de este factor PK, o control de la mente sobre la materia.

Se investigó como tal factor cuando en el curso de sus estudios sobre telepatía el profesor Rhine recibió a un joven que se jactaba de hacer caer los dados jugados en la cifra que él quería.

Rhine, en su laboratorio de parapsicología de la Universidad de Duke, puso a prueba al joven jactancioso y comprobó que superaba en trescientos el cálculo de probabilidades. Entonces decidió poner a prueba una serie de lanzamientos con otros sujetos, llevando un riguroso control con sus colaboradores.

Durante nueve años, y casi en secreto, pidió a jugadores improvisados que lanzaran dados de plástico sobre un plano inclinado, fijando antes la combinación que deseaban obtener. Más tarde abandonó el método manual por un procedimiento automático de lanzar los dados. El jugador, sin embargo, seguía estableciendo su combinación y concentrando su voluntad. Los resultados fueron más optimistas.

Rhine aún quiso llevar más lejos sus experiencias y decidió modificar el psiquismo haciendo tomar somníferos a los jugadores. Si la dosis era fuerte, sus dones desaparecían; pero cuando era pequeña aumentaban los aciertos. También descubrió que aquellos que creían demasiado en el éxito o que se preocupaban, no obtenían buenos resultados.

Todo ocurría igual que en los test de telepatía o de clarividencia, lo cual le hizo suponer que se trataba de un mismo don que tenía diversos aspectos, a veces simultáneos.

Cuando Rhine dio a conocer sus resultados, bautizó al nuevo fenómeno como psicoquinesia o efecto PK. Y por todo el mundo se lanzaron a realizar nuevas pruebas, cambiando los dados por una ruleta, o por otras piezas, pero siempre con las mismas conclusiones: hay personas capaces de influir en la materia.

Una de estas personas dotadas para influir sobre la materia es el israelita Uri Geller. Sus demostraciones televisivas de doblamiento de metales: cucharas, llaves, peines, etcétera, ha confirmado un hecho que ya se había casi establecido; los niños y los jóvenes disponen de este poder con suma facilidad.

Las tres apariciones consecutivas de Geller en los programas de televisión británica motivaron una fiebre de dobladores de cucharas en toda Inglaterra. Docenas de personas descubrieron repentinamente sus poderes para doblar metales, y centenares aseguraron que podían poner en marcha o detener un reloj.

La explosión inicial fue seguida por un aumento paulatino que duró varios meses, y que se acentúa cada vez que Geller ha reaparecido en la radio o la televisión. Debido a esto se ha podido establecer una especie de jerarquía en la habilidad de dobladores: grado I (el más bajo), el sujeto sólo actúa con l presencia de Geller, ya sea en radio o en televisión; grado I el poder aparece como efecto ulterior directo de una actuació de Geller; y grado III, el afectado parece actuar con total independencia.

En el grado I existe una preponderancia de dobladores adultos.

En el grado II los niños comparten los honores con los adultos.

En el grado III predominan los niños.

Las personas de la última categoría, poseedoras de notables poderes para el doblado de metales, formaron el grupo más numeroso: 38, catorce eran chicos y veinte eran chicas; la de menor edad, siete años. Se comunicó un caso de una niña de cuatro años, pero no pudo autentificarse.

Que los jóvenes tengan este poder ya es algo que se observó en los fenómenos de poltergeist: en las caídas de piedras y hechos similares siempre ocurrían en la proximidad de algún adolescente.

Sin embargo el fenómeno Uri Geller ha sorprendido aún más cuando se supo que en Suecia, al presentarse su programa en diferido, el mismo que había invadido los hogares ingleses, los cubiertos de docenas de hogares suecos sufrieron las mismas consecuencias. Incluso varias mujeres suecas atribuyeron sus embarazos al hecho de que, como resultado del programa de Geller, sus aros contraconceptivos se deformaron al punto de perder su eficacia.

La pregunta que surge de inmediato se refiere a la naturaleza de la cadena de causas que originaron tales manifestaciones. Cabe suponer, como sucedió en el programa presentado en España, que Uri Geller actuó como catalizador en lo que se refiere a ayudar a ciertas personas a descubrir sus propios poderes, que aún desconocían. Pero las lamentables secuelas de los programas en diferido dan pie a creer que Geller es fuente de cierto tipo de radiación directa que es la responsable de todo.

Veremos nuevos aspectos de este tema en capítulos próximos.

La evidencia de psicoquinesis, telepatía y clarividencia obtenidos en muchos experimentos, no siempre ha llegado a ser del todo convincente a pesar de mostrarse tan sugestiva. El mismo fenómeno Geller es muy discutido por los científicos, que siempre han considerado estas clases de experiencias como algo fraudulento.

A principios de la década de los treinta, el médium Rudi Schneider, tuvo que dejarse investigar con aparatos científicos, al igual que otros médiums de su época, para probar sus dotes extrasensoriales.

Schneider solía trabajar, para ser más efectivo, en un cuarto oscuro. Para evitar el fraude y resolver estas dificultades, se utilizaron haces de luz infrarroja que formaban parte de los aparatos y permitían detectar cualquier movimiento sospechoso. Entonces se descubrió que cuando estaba en trance lograba reducir la intensidad de un haz infrarrojo hasta un 75 por ciento. Las absorciones de rayos infrarrojos oscilaban con un ritmo aproximado al doble del de la respiración del médium

Este fenómeno dependía de la presencia de Schneider pero no tenía ninguna explicación física.

En el curso del tiempo se ha demostrado que la habilidad PK recuerda a la ESP en todas sus características sobresalientes. La influencia de los factores psicológicos sobre la PK es similar a la que se observa sobre la ESP. Una situación agradable, una buena motivación, la relajación, las sugestione hipnóticas positivas, etcétera, mejoran los resultados de la pruebas.

Sin embargo la evidencia a favor de los fenómenos parafísicos convence menos que la evidencia acumulada en beneficio de la ESP. El hecho de que existan funciones de ESP PK que tienen rasgos similares forma una gran teoría. Indic que la parapsicología trata de un grupo integral de fenómeno de carácter semejante y al que gobiernan regulaciones seme jantes. Estas regulaciones son diametralmente distintas a aqu llas que estudian otras ramas de la ciencia. Esto justific la aceptación de la parapsicología como rama separada de la ciencia.

Para concluir este resumen del poder de influencia de la PK, hay que mencionar su posibilidad de actuar sobre los procesos biológicos. Este hecho ha descubierto las causas de las conocidas *curaciones por fe:* fenómenos frecuentes en los informes obtenidos de diversas manifestaciones de los faquires hindúes o de los brujos tribales que tienen poderes, o influyen en el crecimiento de las plantas, en los procesos metabólicos de los organismos vivos y cosas por el estilo con el sólo poder de su voluntad.

Los intentos hechos en laboratorio para estudiar estos fenómenos parabiológicos producidos por el factor PK, han sido sorprendentes y satisfactorios.

Por ejemplo, el físico francés Barry pidió a su sujeto que tratara mentalmente de retardar el crecimiento de hongos patógenos, y controlado el crecimiento, se demostró que los cultivos influidos crecían más despacio que los controlados en condiciones normales. La misma influencia del PK se ha utilizado en la germinación de plantas y en la curación de heridas. Se plantaron semillas de cebada que fueron regadas con agua influida por un curandero, y las plantas crecieron más aprisa que las regadas con agua normal.

También se tomó a dos grupos de ratones a los que se les hizo unas heridas en la piel para medir la velocidad de su curación. Los tratados por el curandero se recuperaron antes que los otros.

Hoy en día, a través de una ciencia balbuceante que se ha bautizado con el nombre de parapsicología, los científicos y los médicos se esfuerzan en encontrar la naturaleza de las comunicaciones inconscientes que existen entre el hombre y cuanto le rodea.

# 8

# Experiencias en la Unión Soviética

RUSIA posee una gran tradición en la investigación de la ESP, bajo la dirección de científicos competentes que, en laboratorios bien equipados, sitúan la naturaleza física de los poderes extrasensoriales bajo un foco mejor centrado.

Se descubrió, con gran impacto para las investigaciones parapsicológicas occidentales, cuando la URSS hizo una sorprendente publicación en 1962 de unos informes sobre la telepatía, efectuados con plena aceptación en los laboratorios universitarios.

Es cierto que en los países comunistas los estudios parapsicológicos tienen rasgos distintos a los del mundo occidental: hay menos interés teórico y más interés práctico por controlar y aplicar las facultades estudiadas.

Mientras en Occidente se camina sobre el asombro y la sorpresa para interpretar de modo sobrenatural los problemas científicos, en Rusia se va a ras de suelo y se utilizan efectos en causas de gran interés, o al menos de obtención de resultados óptimos más rápidos que por otros procedimientos más clásicos.

En la década de los 30 el profesor Leonid Vasiliev, distinguido fisiólogo que inició sus estudios sobre el cerebro en el Instituto Bejterev, encontró tres personas muy sensibles. Efectuó unos experimentos hipnotizando al sujeto a distancia por un mero impulso telepático. Los instrumentos registraban automáticamente el proceso de quedarse dormido: por un lado midiendo los potenciales eléctricos sobre la piel, por otro gracias a un lapicero mecánico que ponía en acción el sujeto al presionar regularmente un globo de goma. Cada presión señalaba en el gráfico una montaña. Al quedar hipnotizado, el registro señalaba una línea recta.

También experimentó la posibilidad de la telepatía selectiva. Utilizó tres sujetos y tres hipnotizadores que situó en una misma habitación; cada uno de los hipnotizadores fue capaz de sumir en trance a un sujeto particular. Luego, al ser interrogados por un observador, cada sujeto supo citar correctamente el nombre del hipnotizador que le había ordenado dormirse.

También tuvieron éxito los experimentos realizados a larga distancia, unos 1,650 kilómetros, efectuados entre Leningrado y Sebastopol.

La última fase de los experimentos se centró en determinar si la telepatía era una fuerza electromagnética que actuaba por analogía como la radiocomunicación. Vasiliev dijo: "Todos estábamos convencidos de que no podía tratarse más que de ondas de radio, pues todos sabemos que en el cerebro hay corrientes eléctricas en acción, y cada corriente alternativa crea su campo electromagnético."

Esta idea había sido expuesta a menudo, pese a los muchos argumentos que existían en contra.

Vasiliev colocó al hipnotizador dentro de una cabina cuidadosamente construida con gruesas planchas de plomo. El techo estaba hecho de tal modo que sus lados se hundían en canales llenos de mercurio. Aunque las paredes protegían perfectamente al receptor de las acometidas de las ondas electromagnéticas, la telepatía funcionó como si no hubiera pantalla. Esto demostró que la telepatía no se basa en señales electromagnéticas.

Este resultado, al parecer fue tan embarazoso que no se publicó hasta 1962. Vasiliev había admitido: "Estamos confusos. Es como si nosotros mismos hubiéramos sido hipnotizados por estos resultados inesperados."

Recientemente el psiquiatra búlgaro Lozanov se esforzó por aplicar la sugestión mental en la transmisión controlada de los mensajes a sus pacientes hipnotizados. A cada lado del receptor había una tecla telegráfica. Un alfabeto y código Morse traducía un simple mensaje en una secuencia de puntos y guiones que se señalizaban mediante impulsos enviados telepáticamente al receptor; apretar una tecla equivalía a un punto, apretar la otra a un guión. En la conferencia parapsicológica de Moscú, en 1966, notificó que había transmitido telepáticamente un mensaje con éxito empleando tal procedimiento.

Desde los experimentos de Vasiliev se han efectuado otros test en Rusia para captar actividad eléctrica en el cuero cabelludo, al que se le considera relacionado con la actividad cerebral subyacente.

Con la experiencia realizada a tres mil kilómetros entre Nikolaiev como receptor y su amigo el biofísico Kamensky, no sólo se verificó la transmisión a distancia de objetos, como un muelle de siete espirales muy prietas que se calificó como "redondo, metálico, brillante, sin engranaje, se parece a una bobina", y la de un destornillador con un mango de plástico negro que se registró como "largo y delgado, metal, plástico, plástico negro"; sino que también se estudió la corteza cerebral de Nikolaiev.

En estado de relajamiento la actividad predominante en la superficie del cerebro consistió en oscilaciones eléctricas regulares a razón de 8 a 12 por segundo. Estas ondas alfa, como son llamadas, se producen en un 90% de los humanos al cerrar los ojos. Esta actividad reasumió rápidamente el ritmo normal de persona despierta después de indicar al emisor que transmitiese a Nikolaiev desde una distancia de 600 kilómetros.

Un miembro del grupo investigador declaró: "Detectamos esta actividad desusada al cabo de uno o cinco segundos después del comienzo de la transmisión telepática. Siempre la detectábamos unos segundos antes de que Nikolaiev tuviese conocimiento de que recibía un mensaje telepático. Al principio hay una activación general no específica en las secciones frontal y medida del cerebro. Si Nikolaiev va a recibir conscientemente el mensaje telepático, la activación del cerebro en seguida se hace específica y se extiende a las regiones posteriores del cerebro. Esta forma específica aparece claramente en los gráficos durante algún tiempo después de concluida la transmisión."

Mientras recibía imágenes, la actividad del cerebro de Nikolaiev quedaba localizada en la llamada área visual de la corteza posterior de la cabeza, a la que la información visual es transmitida a partir de los ojos. Y cuando recibía sonidos, la máxima actividad de la corteza radicaba en la parte denominada región auditiva.

Las experiencias con Nikolaiev aún tuvieron otra vertiente: la del espía telepático. Los rusos quisieron saber si podía situarse alguien voluntariamente en un circuito telepático y saber lo que se había transmitido.

Situados Nikolaiev y Kamensky en Leningrado y Moscú, se pusieron a transmitir como era costumbre. Ambos ignoraban que una tercera persona intentaría situarse sobre la misma longitud de onda.

Para que los resultados fueran concluyentes, el espía telepático ignoraba la hora exacta de la transmisión. Solamente se le dijo, y de una manera bastante vaga, que tendría lugar al atardecer.

Sobre cinco imágenes que viajaban entre Leningrado y Moscú pudo interceptar tres, exactamente a la misma hora en que tuvieron lugar.

El mismo experimento realizado por Jonsson y el astronauta Mitchell, aparte de otros diferentes intentos, ha confirmado que los escuchas telepáticos pueden existir. No sólo Jonsson captó las imágenes emitidas por Mitchell, sino que múltiples telépatas, que ignoraban las condiciones específicas en que iba a transmitirse, pudieron captar señales en los diferentes días y momentos en que tuvieron lugar. Sus captaciones han sido las que confirmaron el éxito de la experiencia llevada a cabo desde el espacio.

En la investigación de los poderes psicoquinéticos, los rusos han contado con unas extraordinarias agentes, entre las que destaca Nelya Kulagina, una pequeña señora regordeta que evocaba a una buena madre de familia, y que era capaz de desplazar objetos a distancia con sólo desearlo.

El doctor Sergeyev descubrió que Nelya Kulagina disponía de una fuerza magnética superior a todo lo previsible. (Diez veces más a la corriente en el ser humano.) Inmovilizando sus manos a una altura de quince centímetros sobre una brújula situada encima de una mesa, hizo que la aguja empezase a girar, y luego hizo girar la propia brújula.

Nelya también probó que podía atraer o rechazar diversos objetos no metálicos. Le bastó pasar la mano suavemente por encima de uno montón de cerillas dispersas y éstas se agruparon a la vez, deslizándose sobre la mesa. También hizo que rodase un pequeño cilindro no magnético y de la misma manera logró que se desplazasen objetos similares de un lado a otro dentro de un gran cubo de plástico.

Se buscaron hilos invisibles, se le hicieron radiografías, se la filmó durante el proceso de mover objetos a distancia, se la sumió en aparatos de detección ultrasensibles, sin que se lograse descubrir truco alguno que hiciese comprender sus proezas.

Una de las pruebas extraordinarias a que fue sometida en un laboratorio, consistió en que mientras se medían sus radiaciones fisiológicas, se colocó dentro de una ensaladera un vaso con agua salada, en el que fue roto un huevo crudo con precaución. A una distancia de un metro ochenta, debía intentar separar la yema de la clara. No sólo lo consiguió, sino que simultáneamente movió cinco cigarrillos colocados verticalmente bajo una campana de vidrio.

Un análisis de su actividad cerebral durante la sesión, demostró una actividad extrema en el área visual del cerebro; incluso en situación de reposo el potencial eléctrico en la parte posterior era cincuenta veces mayor que en la parte frontal, cuando en la mayoría de las personas esta diferencia no pasa de tres a cuatro veces.

Durante una sesión de psicoquinesis, los latidos de su corazón llegaron a la cifra de 240 por minuto, ritmo cuatro veces mayor que el normal, y el campo magnético que rodeaba su cuerpo varió según la misma frecuencia. Incluso se observó un efecto direccional, en el sentido de enfoque de su mirada.

Kulagina ha movido toda clase de objetos: de oro, aluminio, acero, cobre, bronce, plata, vidrio, plástico, porcelana, madera, papel, etcétera. Incluso el humo de un cigarrillo contenido en una jarra de vidrio invertida, quedó dividido en dos por sus esfuerzos.

Actuando sobre una balanza, consiguió que uno de los platillos, que contenían pesos iguales de 30 gramos, se desplazara y bajase durante ocho segundos.

Los esfuerzos de Kulagina para realizar estos experimentos la fatigan mucho, como si hubiese consumido gran cantidad de energía. Durante una de las sesiones se comprobó que había perdido un kilo de peso.

Otra de las rusas dotadas con poderes similares es Alla Vinogradova. También fue filmada cuando procedía a causar el movimiento de objetos. Vinogradova consigue que objetos redondos, como cilindros de papel, rueden sobre una superficie lisa o que se deslicen por ella.

También mantiene la mano sobre el cilindro, pero ligeramente inclinada hacia un lado, logrando que el cilindro empiece a rodar para alejarse de ella; parece como si la fuerza existente entre su mano y el cilindro fuese de repulsión.

Consiguió hacer girar un cilindro de aluminio en círculo como si fuese la aguja de una brújula. Y con una cadena metálica sujetada alrededor de la muñeca y conectada como una toma de tierra, es capaz de mover un objeto que pese cien gramos. Sin la toma de tierra, sólo puede desplazar unos pocos gramos.

Sin embargo, da la impresión de actuar mejor cuando el objeto que debe mover se halla sobre una superficie lisa no conductora. Llegan a saltar chispas eléctricas desde sus dedos y hacia el objeto.

La fluorescencia de una lámpara de neón colocada cerca de ella indicó campos electrostáticos de diez mil voltios por centímetro, a su alrededor.

Sin embargo el fenómeno que acaparó el gran interés del público ruso, y más tarde el de otros países, surgió a principios de los años sesenta con el llamado "dedo lector".

Una serie de personas, con los ojos vendados, pretendían ser capaces de distinguir colores e incluso leer textos impresos por el simple contacto de la punta de sus dedos con la superficie en cuestión.

Esta habilidad no era nada nuevo. Los seguidores de Mesmer descubrieron que algunos de sus pacientes magnetizados podían leer con los ojos vendados debido a que sus sentidos, particularmente el de la vista, habían sido transferidos a la punta de sus dedos o a sus frentes.

Cien años más tarde, el fisiólogo ruso Leontiev instruía a sus sujetos para que con la mano distinguieran rayos de luz. Y en 1923, en el hospital Cochin, en el servicio de oftalmología del doctor André Cantonnet se desarrolló una demostración de visión sin la ayuda de los ojos.

Varios oftalmólogos asistentes se convencieron de que la cosa era posible, pero no oficialmente. La prueba la realizó Louis Farigoule, más conocido en la literatura por Jules

Romains. Antiguo estudiante de medicina, Romains estaba convencido de que la visión paroptiva o extrarretiniana existe en todo el mundo y puede ser desarrollada con un entrenamiento.

Suponía que los sentidos del tacto no eran una vía de derivación sino que la piel era la que permitía desarrollar la visión extrarretiniana gracias a los ocelos, órganos visuales rudimentarios repartidos por la epidermis.

Sus investigaciones, que desarrolló en un libro, fueron repasadas cuarenta años más tarde por los rusos y los americanos, quienes las han presentado como un descubrimiento.

Las observaciones de Romains cayeron pronto en el olvido, pero ante la aparición de Rosa Kuleshova, procedente de Nizhny Tagil, en los Urales, volvió a resurgir el interés.

Rosa, cuya visión era normal, había trabajado durante algún tiempo en un instituto de ciegos, donde aprendió el método Braille. Picada por la curiosidad de ver si podía leer tocando también la escritura normal, dedicó varios años al aprendizaje, y al fin tuvo éxito.

El mundo científico la conoció a la edad de 22 años, cuando en 1962 fue admitida en una clínica para enfermedades nerviosas, debido a sus problemas epilépticos. La presentaron en una conferencia científica y luego fue trasladada a Moscú para ser objeto de investigación.

Los experimentos cuidadosamente controlados por Smirnov, demostraron que Rosa poseía realmente la habilidad de discernir los colores sin verlos. Mediante el tacto fue capaz de identificar un cuadro proyectado sobre una pantalla de vidrio blando, distinguir colores de rayos de luz monocromática a la que descomponía un prisma y que pasaba a través de unos filtros que absorbían las radiaciones calóricas.

Más tarde desapareció su habilidad, pero las pruebas existentes constituyen una evidencia de que tuvo realmente la facultad de leer con los dedos.

Varios científicos rusos se interesaron por la exploración del fenómeno del dedo lector y verificar si la sensibilidad dermo-óptica podía adquirirse. El más prometedor logro lo obtuvo el doctor Novomeysky, del Instituto Pedagógico de Tagil, reclutando ochenta dibujantes.

Instruyó a estos alumnos para distinguir superficies coloreadas sin el uso de la vista, simplemente tocándolas. Al principio del ejercicio su sensibilidad con los colores se tradujo en unas impresiones táctiles que con el hábito se diferenciaron suficientemente para que se reconociese el color: el amarillo era deslizante, el rojo pegajoso y el violeta daba la impresión de freno.

Se dedujo que una de cada seis personas era capaz de diferenciar al menos el rojo del azul pálido, después de una media hora de ejercicio. Novomeysky aun dijo que con su método podrían desarrollar esta habilidad el 20 por ciento de la población con tal de tener paciencia en el adiestramiento.

El método es fácil y puede probarse, sólo se necesitan dos superficies de colores diferentes e idénticas en los demás aspectos. Dos películas fotográficas valen: una expuesta a la luz y la otra no, reveladas. Se obtienen dos fichas con superficies idénticas, una blanca y otra negra.

Se empieza el ejercicio con los ojos vendados, relajándose y tratando de discernir los colores con el tacto. Alguien debe comprobar las respuestas y su ayuda contribuirá a relajar, pues la mente no deberá ocuparse en comprobar los colores.

Debe repetirse el ejercicio con perseverancia y tratar de decir los colores de las fichas que las manos del asistente entrega al azar diciendo él si las contestaciones son correctas o no.

Novomeysky asegura que con un poco de paciencia llegan a encontrarse las impresiones táctiles que luego descubrirían el color real, a pesar de las idénticas superficies. En sus experiencias llegó a cubrir con algún material —vidrio, papel— para hacer imposible el contacto directo del dedo, y obtuvo buenos resultados.

En Francia, Yvonne Duplessis también ha estudiado la sensibilidad dermo-óptica con los colores. Sus investigaciones han obtenido resultados parecidos. También estudió la influencia del acercamiento luminoso en los ciegos accidentales y averiguó que la luminosidad puede variar de una oscuridad total una claridad violenta con sólo dar vueltas sobre sí mismo mientras las paredes cambiaban de color.

Agrupados en medio de la habitación, los sujetos de experiencia debían decir lo que sentían mientras se modificaba la luz, sin que lo supiesen, haciendo que las paredes se movieran. El 70 por ciento señaló que el blanco-gris esclarecía y engrandecía la habitación; el 60 por ciento tuvo la impresión de espacio y de frío con el azul-verde; el 50 por ciento afirmó que era caliente y se estrechaba cuando estuvo el rojo salmón.

La explicación teórica de todos estos fenómenos sigue siendo un misterio. Se sabe que el agente responsable de todos ellos es la ESP pero ya no puede explicarse más. Algunos autores han llegado a hablar de una nueva energía, hasta ahora desconocida: la energía PSI (de *psi*cología), que se propaga por el hipotético campo PSI.

Esta energía psíquica ya fue presentada por Berger en 1940, al señalar que las manifestaciones eléctricas de la corteza cerebral eran demasiado débiles para responder a las grandes distancias en que trabajaba la telepatía, y sugirió el nuevo tipo de energía.

La verdad es que la explicación científica sigue navegando en el misterio. Las explicaciones no son válidas en un proceso esencialmente desconocido. Sólo la investigación futura puede develarlo.

# 9

# El Fenómeno Uri Geller

YA SE HA hablado anteriormente de Uri Geller, el joven israelita que con el poder de la magia u otro poder que a los físicos y parapsicólogos les ha creado un problema insoluble en el estado actual de sus conocimientos, dobla metales y para o hace funcionar relojes con sólo desearlo.

El primer paso para obtener una descripción completa del fenómeno Geller consiste, naturalmente, en ver qué se sabe de los poderes del personaje.

Uri Geller nació en Tel Aviv en 1946 y asegura que a la edad de tres años ya advirtió sus poderes, al descubrir que podía decir a su madre el dinero que había ganado o perdido jugando a las cartas.

Se afirma también que a los cuatro años, jugando un día en un jardín situado frente a su casa, vio suspendido en el cielo como un tazón brillante que no se parecía a nada conocido, que le sorprendió mucho. Este hecho hace que muchos lo consideren mensajero o intérprete de poderes extraterrestres.

A los siete años, su madre le regaló su primer reloj en el día de su cumpleaños. Geller constata que no tiene necesidad de darle cuerda para que ande; luego descubre que las agujas del reloj saltan hacia adelante y marcan una hora diferente; y más tarde logra que las agujas se doblen.

Es la época en que, jugando y sin tocarlo, rompe un anillo que tiene en la mano uno de sus compañeros. En torno a él van sucediéndose cosas raras: los objetos se tuercen o se rompen.

En la escuela inicia sus primeras experiencias espectaculares. Dice a sus compañeros que dibujen algo y no se lo enseñen: "Pensad en el dibujo cuando os lo diga. Yo intentaré reproducirlo."

Casi siempre llegaba a acertarlo con exactitud, para embeleso de quienes intentaban la experiencia.

Durante la guerra árabe-israelí, en 1967, él era paracaidista y descubrió sus poderes telepáticos en una fiesta en la que todos los invitados demostraban sus habilidades.

"Decidí enseñar lo que yo podía hacer. Pedí a alguien que se metiese en una habitación contigua y dibujase algo; yo, desde donde estaba, copié exactamente el dibujo. Después doblé una llave sin tocarla."

Según declaraciones del propio Geller, tres semanas más tarde "era conocido en todo Israel y los agentes trataban de contratarme para grandes salas de espectáculo".

El astronauta Edgar Mitchell oyó hablar de él y lo recomendó al doctor Puharich, un físico, que cree en los fenómenos paranormales y los estudia. Puharich se presenta en Israel y, persuadido de que se encuentra ante un fenómeno nunca visto, convence a Uri Geller para que vaya a América.

Los diarios hablan de ello y Uri Geller se convierte en un personaje célebre, siendo invitado a ir a diferentes países. Todos aquellos que pueden aproximarse a él, llevan consigo los cubiertos de comer y los relojes que tienen parados. Uri Geller se concentra, acariciando ligeramente el objeto que se le presenta y al cabo de algunos instantes la cucharita, el tenedor o la llave empiezan a torcerse más o menos, según sea de gruesa su forma, continuando produciéndose hechos más curiosos mientras Uri Geller pasa a realizar otro ejercicio.

Desde que dio a conocer sus poderes, Geller ha trabajado como animador y showman, primero en Israel, luego en

Estados Unidos y finalmente en toda Europa. Es un joven inclinado a darse la buena vida, y esto ha hecho que sus poderes sean sospechosos para muchísimas personas, incluidos, sobre todo, los científicos y parapsicólogos. Todos lo consideran un fraude porque muestra un gran interés crematístico al utilizar y exhibir sus poderes.

Pese a las opiniones científicas, creo que todo es pura envidia. Pensando en lógica, todo el mundo utiliza el poder que posee con fines crematísticos. Hasta el que tiene un huerto con patatas, su propósito es venderlas, obtener un beneficio. Nadie va a trabajar de cajero a un banco si no le pagan un salario. Nadie toca el piano en una sala de conciertos si no es porque un contrato le otorga un dinero. Y ningún científico trabaja en un laboratorio si alguien no está costeando su existencia y sus experimentos. Nadie vive del aire. Claro que Geller obtiene buenos beneficios con sólo chasquear un dedo. También Dalí los obtiene con solo poner su firma en un lienzo en blanco. Son cosas que están y son así.

Uri Geller ha llenado los teatros de Israel, de Estados Unidos, de Francia, de Inglaterra y de otros muchos países. La gente se ha vuelto loca por asistir a sus exhibiciones de doblamiento de cucharas. Sin embargo, en España, concretamente en Madrid, sólo pudo hacer una simple representación en un teatro semivacío. Nadie consideró oportuno pagar una entrada para ver cómo doblaban cucharas o hacían andar relojes. No obstante, su actuación ante las cámaras de la Televisión Española suscitaron un inusitado interés por cuanto suponía su poder. Es más, constituyó un éxito tan sensacional como el logrado en Inglaterra, Francia, Suecia o México. Los cubiertos de muchísimos hogares se doblaron y los relojes paralizados funcionaron como por arte de magia. Y revelaron muchos individuos esos mismos poderes que se descubrieron en ingleses, suecos o mexicanos. Recuerdo su actuación pese a que debió ser traducido constantemente del inglés al español. Un joven simpático, alegre, dinámico, convencido plenamente de cuanto quería demostrar: que sus poderes eran algo tan natural para él como el caminar, y que consideraba que muchas personas en el mundo tienen un poder semejante o parecido, aunque no lo hayan descubierto. Recuerdo que casi al final de su actuación, se comió casi todo el programa, salió una mujer de entre el público diciendo que se le había doblado una llave. Cuando se quiso comprobar cómo había sido, ante las cámaras y junto al presentador y Geller, dobló una cuchara que había cogido sin dar tiempo a que Geller experimentase con ella. Cuando Geller quiso intervenir y hacer una tercera prueba, con una llave, el éxito ya no fue tan rápido ni efectivo.

La actuación de Geller fue una delicia; pudimos reírnos, asombrados y luego seguir especulando con admiración y no sin cierta envidia. ¿Qué no haría yo con esos poderes?, pensamos la mayoría. Pues vivir tan bien como él lo hace.

Sin embargo, los poderes de Uri Geller son para tomarlos en serio. En Francia, la parapsicóloga Yvonne Duplessis fue a verle en compañía de un amigo ingeniero, y ambos constataron cómo la manecilla de los minutos de un reloj se ponía a correr como una loca sin que la horaria avanzara en la misma proporción.

Geller ha puesto en funcionamiento muchos relojes que no andaban, incluso desde hacía veinte años, bien por rotos o no. Y esto ha ocurrido en diversos países.

La simpatía estimula a Geller y se ha comprobado que en una sala con varios miles de personas y buen ambiente, ha llegado a poner en marcha cuarenta relojes a la vez, curvando barras de acero, haciendo que se tuerzan llaves dentro de los bolsillos, sólo con una concentración más o menos larga, pero siempre como si estuviera jugando.

Confirmo que la actuación que le he visto tenía para él más de juego y diversión que otra cosa, lo cual resulta muy agradable.

El doctor Andrea Puharich afirma que los poderes de Geller provienen de extraterrestres, puesto que delante de testigos ha sido capaz de registrar voces que no venían de este mundo y sólo llegaban a oírse en presencia de Uri Geller. Lo cual es mucho afirmar, pues si las voces se oyeron en este mundo nadie puede confirmar que pertenezcan a otro.

En el Instituto Stanford, los doctores Harold E. Puthoff y Russel Targ han estudiado a Geller en un laboratorio de física, en donde experimentaba cuarenta días por año. Estos doctores no se han pronunciado por la naturaleza de sus dones, pero se han interesado en la composición molecular de los metales que le obedecen mediante el dedo y el ojo.

Entre los poderes mostrados durante sus actuaciones, Uri Geller tiene la facultad de averiguar lo que otra persona está pensando o ha representado sobre un papel. Así ocurrió la noche del 23 de noviembre de 1973.

Varias horas antes del programa inglés de televisión, una empleada de la BBC que intervenía en el *show* bosquejó la silueta de un barco de vela. El dibujo fue metido en un sobre y éste guardado a su vez en otro sobre, de manera que desde el exterior no fuese posible obtener ninguna indicación acerca del dibujo. En el programa Geller pidió a la joven que se concentrase en el dibujo que había realizado, y al cabo de unos minutos dibujó lo que creía estaba pensando ella. Resultó una copia casi exacta del original, pero enmarcado por una línea que, según dijo Geller, era el borde de la "pantalla de televisión", pues así lo vio en su mente.

Exitos similares los ha repetido en diferentes programas de todos los países en que ha trabajado. Las reproducciones suelen ser casi exactas y en realizarlas tarda más o menos tiempo, según el ambiente que le rodea.

Otra especialidad suya consiste en actuar con colores y capitales de países. En febrero de 1974 se presentó en el New London Theatre. Mientras Geller miraba a otro lado, una persona del público escribió "Oslo" en una pizarra; entre los dos fue colocada otra pizarra. Adivinó Oslo con exactitud e identificó el color verde, aunque falló el segundo color, que era dorado.

En estas pruebas de lectura de mente, con adivinación de nombres de colores o de capitales, se dice que logra un promedio de aciertos que frisa en el 75 por ciento.

Un caso particularmente interesante sucedió en un instituto de Millerstown, una pequeña ciudad de Pensilvania. Una alumna, a la que se pidió que anotase en una pizarra el nombre de una capital, escribió "Harrisburg", capital del estado de Pensilvania, mientras Geller estaba vuelto de espaldas. Tras concentrarse varios minutos, Geller se mostró perplejo y preguntó: "¿Está segura de que se trata de una capital? Obtengo algo así como Harrisburg, pero nunca he oído hablar de ese lugar." "¿Dónde está eso?"

Desde luego se pueden obtener estos resultados mediante trucos, pero requiere cómplices. Los empleados de la BBC no conocían a Geller antes de que tuvieran lugar las emisiones, y aseguran que hicieron sus dibujos en condiciones de absoluto secreto, y que los guardaron en sus bolsillos. No hay, por tanto, motivo para no creerlos.

Por otra parte, Geller ha triunfado tanto con el experimento de adivinación de dibujos que un engaño parece poco probable. Son demasiadas las personas que han hecho dibujos para que Geller los adivinase, que es improbable que todas estuviesen en combinación con él.

Bryan Silcock, corresponsal científico de *Sunday Times*, como otros muchos reporteros que han observado los poderes de Geller, publicó el siguiente experimento:

"El fotógrafo trazó un círculo con otra línea ondulada a su alrededor, mientras Geller se volvía y se tapaba los ojos, y después Geller lo describió perfectamente. Sin embargo, primero dijo que trataría de pasarme la forma a mí, por lo que procuré dejar mi mente en blanco. Mientras Geller se concentraba, dos formas flotaban en mi mente, un triángulo equilátero y un cuadrado con un semicírculo en uno de sus lados. No dije nada acerca de ellos, pero Geller, después de describir los círculos del fotógrafo, dijo: Hombre, también veo éstos, y procedió a dibujar un triángulo equilátero y un cuadrado con un triángulo en uno de sus lados. Puesto que yo nunca trasladé mis formas al papel, no pudo haber vigilado mi brazo ni utilizar ningún truco de mago."

Los poderes de la telepatía y la clarividencia, ya se ha visto, no constituyen un descubrimiento reciente. Sólo en la última parte del siglo pasado fueron investigados a fondo. El elemento nuevo que Geller ha aportado al debate de la ESP tiene relación con la psicoquinesis, el poder de la mente sobre la materia. No es que sea nuevo, según ya se ha visto, pero sí lo es la forma particular que le confiere Geller. Su manera de hacer ha llamado la atención del público durante cada uno de sus programas televisivos.

La diversidad de objetos metálicos que ha doblado Uri Geller —llaves, cuchillos, tenedores, cucharas, clavos, varillas de hierro, tijeras, etcétera—, es asombrosa. Y lo ha hecho a menudo en condiciones muy variadas.

Un reportero del *News of the World*, Rol Stockdill, escribió sobre una de las experiencias: "He visto una placa de acero, a la que era imposible doblar manualmente, curvarse súbitamente sobre una mesa. He visto una llave que se rompió sin que nadie se acercase a ella."

La placa era un espejo que en principio Geller intentó curvar colocando la mano del periodista sobre ella, con la suya encima, y frotando después el espejo. No sucedió nada y, por consiguiente, abandonó el espejo sobre la mesa.

"Cuando regresamos al dormitorio —escribía el reportero—, Uri me agarró súbitamente del brazo y señaló hacia la mesita baja que se hallaba al otro extremo de la habitación, donde quedara el espejo. El espejo se movía, se doblaba visiblemente por el centro exacto y se balanceaba levemente sobre la mesa. Siguió moviéndose durante varios minutos, curvándose cada vez más hasta alcanzar la forma de una V."

No es posible ofrecer una explicación simple acerca del doblado de objetos metálicos. Distraer la atención de los espectadores para realizar el doblado mediante la fuerza, mientras los demás miran a otro lado, no es factible, sobre todo si se tiene en cuenta que muchos objetos han sido doblados sin que Geller los tocase.

Se ha dado como explicación el hecho de la sugestión hipnótica, pero a duras penas se mantiene, porque los objetos han permanecido doblados al día siguiente.

Han surgido preguntas: ¿Por qué tales poderes no han sido observados anteriormente? ¿Por qué, si existían tales poderes sobre el metal, no se observaron antes?

Las razones son obvias. La posesión de cubiertos metálicos y de relojes es una conquista reciente de todas las clases sociales. La televisión y la radio también han permitido que millones de personas se enterasen y vieran la rotura o el doblado de tenedores. La difusión ha permitido la aparición de unos efectos más amplios y distantes. No sólo hay objetos metálicos que se doblan cerca de Geller, sino que también se ha comprobado que a distancias considerables, y mientras actuaba, se descubrieron cubiertos deformados o relojes en marcha, después de estar parados meses e incluso años. Los testimonios abundan por todas partes.

Antiguamente, hacer gala de estos poderes era condenarse a morir en la hoguera. Si millares de hombres, mujeres y niños fueron quemados vivos o ahogados, acusados de tener poderes mágicos; en siglos más próximos, la brujería no seguía considerándose algo aceptable ni serio.

Otro curioso experimento tuvo lugar en Inglaterra, cuando el periódico dominical *The People* inició una investigación para averiguar la difusión de la fuerza deformante de Geller. Se pidió a los lectores que se rodeasen de objetos metálicos y se **concentraran intensamente en ellos, exactamente a las doce del mediodía 25 de noviembre de 1973, en cuyo momento Uri Geller estaría haciendo lo mismo, pero en una habitación de París.**

Más de cuarenta personas comunicaron que cucharas y tenedores se habían doblado ante sus propios ojos. No se sabe si la fuerza fue realmente transmitida desde París, pero el experimento parece haber tenido éxito.

Sobre la prueba de los relojes paralizados, también existen múltiples testimonios en todas partes; incluso de relojes inactivos durante catorce años que habían resistido los esfuerzos de varios relojeros que intentaron repararlos. También es cierto que algunos sólo funcionaron durante doce horas. Sin embargo, no deja de ser un fenómeno notable, sobre todo cuando va acompañado del doblado de agujas debajo del cristal, como ha sucedido en diversas ocasiones.

A pesar de todas estas pruebas, la acusación de fraude ha sido mantenida por varios científicos, psicólogos, ilusionistas y periodistas. Incluso se han publicado artículos con la pretensión de referir la historia oculta de cómo ha logrado Geller sus engaños.

Sin embargo, una serie de tests meticulosos realizados por científicos, tanto con Uri Geller como con otras personas, que desde entonces, se les ha descubierto poderes similares, demuestran que el fenómeno Geller entra en la categoría de lo supernatural. Sus poderes son poseídos por muy pocas personas, y éstas son consideradas "supermentes".

Pero aún se ha descubierto otra serie de fenómenos en torno a Geller. Son informaciones que todavía resultan más extrañas. Una de ellas se refiere al movimiento de objetos a grandes distancias.

La primera vez que el doctor Puharich fue a Israel a investigar a Geller, descubrió que había olvidado el estuche de su cámara fotográfica en Nueva York. Lo mencionó y al día siguiente, por la mañana, fue despertado por una excitada llamada telefónica. Era Geller que le decía haber encontrado un estuche de la cámara en su habitación.

"Me apresuré a ir —explicó más tarde Puharich— y era el maldito estuche que había dejado encerrado en un armario de equipajes, en Nueva York, a casi diez mil kilómetros de distancia. Incluso tenía mis iniciales. Posteriormente, cuando regresé a Estados Unidos, abrí el armario y el estuche había desaparecido. A partir de entonces, Uri me ha demostrado varias veces que es capaz de transportar objetos físicos a través de grandes distancias, por medios desconocidos."

Hay más personas que aseguran poseer pruebas de los poderes de Geller. El doctor Bastin, de Cambridge, descubrió que su juego de seis destornilladores había sido trasladado, al parecer, desde una habitación del piso superior en una casa de Filadelfia hasta un lugar en la escalera, pero todos se habían roto durante el trayecto.

Un huevo decorado voló a través del Atlántico, desde un cajón en un piso de Londres hasta el apartamento de Geller en Nueva York. Y Edgar Mitchell, el astronauta que realizó los experimentos de telepatía con Olof Jonsson, ahora colabora con Geller en un intento de recuperar un estuche de cámara que olvidó en la Luna en 1969.

Pero esto no es todo. Geller asegura haber dejado su propio cuerpo en Nueva York y viajado hasta Río de Janeiro. Cuando retornó a su forma física, encontró un billete de mil cruzeiros en su mano.

Tales acontecimientos, si hay que tomarlos en serio, no pueden encajar de ninguna manera en el mundo que nosotros vemos. Son para preguntarse con escepticismo ¿sufren alucinaciones los pocos elegidos que aseguran haber presenciado tales cosas, o tratan de engañar a los demás?

Adivinar lo que otras personas ha dibujado, doblar objetos metálicos o poner en marcha relojes rotos, son cosas de por sí muy lejos de lo corriente. Hay ilusionistas, telépatas teatrales, artistas de la magia que logran hacerlo. Sin embargo, debemos tener bien abiertas nuestras mentes y no permitir que nos ciegue el escepticismo.

El fenómeno Geller sólo abarca una parte muy estrecha de las experiencias extrasensoriales. La gama total de los fenómenos inexplicables es muy amplia: incluyen poltergeist, fantasmas, grabaciones en cinta de voces de ultratumba, precognición, médiums, clarividencia, astrología, zahoríes, experiencias extracorpóreas y materialización de objetos. De muchas de ellas se ha hablado en estas obras y se han relatado informes, por eso conviene disculpar a quien se pregunte si el fenómeno Geller podrá ser o no cierto, o si constituirá alguna ayuda en el estudio realizado para comprender el espectro, mucho más amplio, de los hechos paranormales.

Una cosa es cierta: su ayuda es una posibilidad que no debe ser excluida.

Las encuestas demuestran que lo paranormal acecha en la visión que la mayoría posee acerca del mundo. Gran cantidad de lectores se desvive por leer la columna de astrología de los periódicos, cada día más amplia. Muchas personas creen en la vida después de la muerte, y las hay que aseguran estar en comunicación directa con los espíritus de los muertos.

Son muchos los que juzgan poco atractivo el mundo puramente material de la ciencia. La atracción de la religión surge de la necesidad del hombre en cuanto a la existencia de algo que esté más allá de la realidad superficial que le toca vivir. A esa realidad oculta se le exige que sea un reflejo nuestro y que ostente la imagen de nuestro propio mundo interior.

¿Pueden los fenómenos paranormales darnos algún atisbo de la naturaleza de esta realidad subyacente?

Muchos autores y personas creen que sí. La cuestión radica en saber si se obtendrá alguna dicha para la humanidad a partir de esta visión de la realidad. .

# 10

# Las Fuerzas de la Naturaleza

LOS RESULTADOS obtenidos en el Stanford Research Institute permitieron a los doctores Targ y Puthoff hacer la siguiente declaración: "Como consecuencia del éxito de Geller en este periodo experimental, consideramos que ha demostrado sus facultades paranormales de modo claro y convincente." Sin embargo, han sido muy difíciles de aceptar. Casi todos los científicos reaccionan con la respuesta de no creerlo hasta verlo por sus propios ojos.

Dicen que para conseguir algún nexo entre sus conocimientos científicos y lo que han observado, necesitarían nuevos experimentos destinados a descubrir tanto como fuese posible acerca de la naturaleza de los fenómenos. Tales pruebas indicarían la manera de obtener de forma consistente efectos de esta clase para que después pudiese investigarlos todo científico que así lo deseara. Es la única manera de obtener una aceptación general y la comprensión de los mismos.

El fenómeno consistente en adivinar dibujos u objetos y el de doblar metales o afectar instrumentos, tienen varios rasgos importantes en común. En cada situación aparecen implicados dos objetos físicos: el cerebro del sujeto (utilizado para conseguir el efecto en cuestión), y el objeto (ya sea el cerebro del que creó el dibujo, el propio dibujo, el trozo de metal o el instrumento que trata de influir el sujeto).

El número de agentes adicionales ya es incierto: por una parte puede haber elementos de la actividad cerebral de los sujetos que no sean físicos (cosa que no puede medirse), y por otra, puede existir cierta influencia "cósmica" exterior.

Una investigación científica sólo puede atender a lo que es físico. El reino de lo mental, espiritual, etéreo o de similar índole no física, ha desafiado el análisis físico. Sin duda hay medios para obtener un conocimiento acerca de los aspectos no físicos de la experiencia que aporten datos sobre su propia naturaleza, pero los resultados que se obtienen son de difícil descripción y cuesta referirlos con detalle al núcleo general de conocimientos.

Muchos científicos de talla lo han intentado —sir William Crookes, sir Oliver Lodge, lord Raleigh y otros muchos—, pero fracasaron.

La ciencia ha evolucionado muchísimo en el último siglo y debería poder contestar satisfactoriamente a una serie de requerimientos que plantean su enfrentamiento con las demostraciones de tan extraños fenómenos.

Incluso un científico, hoy día, tiene necesidad de prepararse para más de una sacudida en su sistema de adiestramiento científico durante un proceso o exhibición de ESP. Una observación clara del fenómeno Geller le produce un efecto sobrecogedor, porque destruye la estructura sobre la que basa el mundo.

Por eso la ciencia quiere tener la posibilidad de dar los hechos y el mecanismo —el *qué* y el *cómo*— del fenómeno Geller. Demostrada plenamente la ESP, habrá que aceptarla. Esta es la verdad. Pero mientras la ciencia no fracase, su empeño en enfocar el fenómeno científicamente es decisivo.

Las características del fenómeno Geller que deben investigarse científicamente son los dos terminales físicos: el cerebro de Geller y el objeto inanimado o el cerebro con el que está en contacto. Controlar la actividad cerebral es algo muy difícil: resulta muy compleja y las variables cruciales que describen su actividad no son conocidas.

Por otro lado, los investigadores de Stanford tuvieron dificultades con Geller cuando éste manifestó su desagrado a que le fijaran electrodos en el cuero cabelludo para registrar sus ondas cerebrales. Incluso con una cooperación total de Geller, la investigación de su cerebro sería otra incógnita para la ciencia, pues no se dispone de un aparato eficiente para que revele la actividad de diversos niveles del cerebro.

Queda, por tanto, el otro extremo: el objeto sobre el que Geller actúa. El u otros sujetos con iguales poderes. La existencia de ejemplos de deformación de metales a distancia implica un cierto mecanismo para transmitir un poder del cerebro a la muestra u objeto. No es necesario que la energía requerida para producir la consiguiente curvatura proceda del propio cerebro, pero la intencionalidad del sujeto debe ser propagada por algún medio hasta la vecindad del objeto.

Antes de pasar a considerar con detalle qué fuerza puede ofrecer interés en el doblado de metales, será útil tener una idea clara acerca de las fuerzas de la naturaleza, pues entre ellas deben buscarse el mecanismo del doblado de metales y de la telepatía, necesaria para la adivinación de dibujos u otros objetos.

Es posible que estén implicadas más de una fuerza y también que las cuestiones planteadas por el fenómeno Geller jamás sean resueltas en términos de cualquier fuerza ya conocida. De momento es cuanto se tiene para trabajar de acuerdo con los actuales conocimientos científicos.

Las fuerzas de la Naturaleza son cuatro: el electromagnetismo, la fuerza entre las partículas subnucleares que mantiene a éstas unidas dentro del núcleo de cada átomo, la radiactividad y la gravedad. Dada la complejidad del mundo que nos rodea, estas fuerzas poseen una amplia gama de efectos.

La radiación electromagnética comprende energía propagada a una velocidad de 300.000 kilómetros por segundo en el vacío, y tiene una amplia gama de posibles longitudes de onda. Se dan ondas de radio larguísimas y otras de radio y televisión con longitudes que oscilan entre un centímetro y diez kilómetros. En la gama de las longitudes de onda corta están las microondas del orden de un milímetro; los rayos infrarrojos, del orden de una centésima de milímetro; la luz visible, una décima parte de los rayos infrarrojos; los rayos ultravioleta, que van desde la luz visible a una diezmilésima de dicha luz; y los rayos X y rayos gamma, que pueden estar muy por debajo de los ultravioleta.

El electromagnetismo es una combinación de las fuerzas eléctrica y magnética. Esta síntesis se produce porque las partículas cargadas de electricidad y en reposo se repelen o atraen entre sí, según sus cargas tengan el mismo signo o el opuesto. Si están en movimiento generan nuevos campos magnéticos que pueden modificar su interacción. El magnetismo, por tanto, puede considerarse como electricidad en movimiento.

Las propiedades químicas de la materia son determinadas por el número de electrones de carga negativa que circulan en un átomo alrededor de un núcleo central pesado y con una carga positiva. El proceso de compartir o trocar electrones es lo que liga los átomos entre sí para formar moléculas y mantiene reunidas a esas mismas moléculas. Por consiguiente, las propiedades de las diversas formas de materia se interpretan en términos de la interacción electromagnética entre las distintas partículas del átomo cargadas eléctricamente.

Esta interpretación de la estructura de la materia fue ampliándose a medida que se estudiaban los agregados de átomos y moléculas más complejos. La estructura del átomo también se ha puesto en claro. A finales del siglo pasado se admitió que el núcleo tiene componentes internos al descubrirse que el desgaste radiactivo implicaba un cambio de un tipo de átomo a otro.

La radiactividad implica la emisión de varias formas de radiaciones: rayos X, rayos gamma y haces de electrones o de otras partículas. Incluso puede haber emisión de fragmentos de núcleos pesados que, al desintegrarse, se han convertido en otros más ligeros.

A partir del desgaste radiactivo se descubrió que cada núcleo atómico se compone de dos bloques distintos. Uno es una partícula mil veces más pesada que el electrón y con una carga igual pero contraria, el protón. El otro tiene aproximadamente la misma masa, pero es eléctricamente neutro, y se llama neutrón.

Cada núcleo contiene numerosos neutrones y protones, confinados en un volumen que es una billonésima parte del volumen total del átomo. Para conseguir semejante confinamiento es necesaria una fuerza muy intensa entre las partículas subnucleares, protones y neutrones. Esta fuerza nuclear también debe ser lo suficientemente intensa como para vencer la repulsión eléctrica entre los protones que se mantienen tan cercanos dentro del núcleo.

Tanto esta fuerza como la electromagnética resultan más intensas que la fuerza que produce el desgaste radiactivo y que puede despedir partículas millones de veces más despacio que las dos primeras.

Por último está la fuerza de gravedad: es la de atracción entre todas las partículas. La intensidad de estas fuerzas es proporcional a la masa de las partículas entre las que se genera.

La atracción sólo resulta apreciable cuando afecta a objetos de gran masa, como los planetas o las estrellas. La gravedad, por consiguiente, carece de importancia cuando se trata de determinar la reacción que pueden tener dos objetos del tamaño de un hombre.

A pesar de sus diferencias, estas cuatro fuerzas de la Naturaleza nos afectan en la Tierra. Aparte de producir las mareas a través de la atracción lunar, la fuerza de gravedad nos retiene sobre la corteza terrestre. Desde tiempos remotos se la reconoce crucial; pero hoy también es crucial la importancia de la radiactividad, puesto que permite manipular los poderes del átomo en la fisión nuclear controlada.

También nos afecta con la producción de radiación ionizante de varias clases, subproductos del desgaste natural radiactivo. Esta radiación ha trastornado y alterado la composición hereditaria de las células vivas durante enormes períodos de tiempo, causando mutaciones que han permitido la evolución desde los seres primitivos a lo que hoy somos.

El electromagnetismo, por ser la base de todas las propiedades químicas, ejerce claramente una influencia en todo el medio ambiente; pero también influye muy directamente en la materia viviente, según se ha comprobado con los efectos del calor irradiado por rayos X y gamma, que son ionizantes y pueden causar mutaciones y hasta producir daños en las células vivas.

Las fuerzas nucleares también revisten gran importancia para la materia viva. Aseguran la estabilidad de los núcleos que componen todos los seres vivientes, y generan una energía vital a través de la fusión nuclear que tiene lugar en el Sol.

Pero aún lo apoya otra teoría: las estrellas remotas que han gastado su combustible nuclear se sienten muy pesadas. Mediante una estricta dieta, consiguen una edad avanzada en forma de enanas blancas del tamaño de la Tierra. Esta pérdida de peso debe obtenerse rápidamente, para no colapsarse en sí misma, debido a la atracción gravitacional, y no producir un agujero negro. El modo de evitar este destino consiste en expulsar la parte exterior de sí misma. Cuando la estrella realiza esta operación se producen violentas explosiones, visibles en las llamadas supernovas: estrellas que se iluminan repentinamente y llegan a ser tan brillantes como su propia galaxia.

Durante este proceso, parte de esa materia lanzada al espacio se acelera violentamente y contribuye, según se cree, a la formación de los rayos cósmicos que llueven continuamente sobre la Tierra. Estos rayos también afectan a las células vivas y causan mutaciones.

Entre todas estas fuerzas, revisadas someramente, el electromagnetismo es la que más ha contribuido al progreso técnico. Actualmente se sabe más de ella que de las otras tres, y esta fuerza es la que puede establecer criterios para afrontar el fenómeno Uri Geller.

El electromagnetismo es el más atractivo para el campo de intencionalidad que rodea a una persona que trate de doblar metales. Su gama de longitudes de onda permite abrigar esperanzas para encajar la transmisión de la "intencionalidad" en algún lugar de ella.

Existe una creciente apreciación del papel que el electromagnetismo desempeña en el tejido vivo, con los efectos curativos de las partículas de carga negativa en el aire y de las corrientes de baja frecuencia en los órganos enfermos, el uso de corrientes eléctricas como instrumento de diagnóstico, los efectos del campo magnético terrestre en el crecimiento y las respuestas de organismos, y el tratamiento del electrochoque en las enfermedades mentales.

El electromagnetismo, por consiguiente, puede contener uno de los mecanismos que funcionan en el efecto Geller. Por lo menos, debe intervenir en ciertas fases del proceso, ya que el campo de intencionalidad sólo se forma a partir de la actividad cerebral, y ésta implica acción eléctrica en el paso de actividad eléctrica a lo largo de las fibras nerviosas en el cerebro. En el otro extremo de la cadena, los eslabones que mantienen unidas las moléculas de una muestra de metal sometido a doblado, son electromagnéticas en su origen. Si el objeto debe ser deformado, sus fuerzas de cohesión tienen que ser alteradas de alguna manera.

Vasiliev, el científico ruso que trabajó intensamente en estos experimentos mentales, escribió: "Todos tuvimos la seguridad de que sólo podía tratarse de ondas de radio. No podíamos imaginar ninguna otra explicación, pues todos sabíamos que hay corrientes eléctricas que circulan por el cerebro, y cada corriente alternativa crea un campo electromagnético o bien de ondas de radio."

Sin embargo, como ya se ha explicado anteriormente, sus experiencias telepáticas hicieron improbable esta teoría al caer en trance los sujetos pese a encerrarlos en cajas de hierro y plomo.

Si las radiaciones electromagnéticas emitidas por el cerebro pudieron ejercer algún efecto sobre el cerebro de otra persona y otro tipo de radiaciones no logran atravesar esos obstáculos, el recelo que se cierne sobre la hipótesis electromagnética es muy lógico. Sin embargo, ya hay quienes han intentado desarrollar otra explicación que sirva de alternativa.

### LA ENERGÍA CÓSMICA

La alternativa a considerar se apoya en la radiación cósmica. Esta consiste en protones dotados de elevada energía que entran en la atmósfera terrestre, procedentes del espacio exterior. Si estas partículas pudiesen enfocarse, como se concentran los rayos de sol a través de una luna, sería posible concentrar una buena cantidad de energía sobre un metal u otro objeto.

Es difícil explicarlo con exactitud, pero cabe dentro de lo posible que esos rayos cósmicos penetran de alguna forma en el campo magnético generado por el sujeto.

Hay radiaciones de naturaleza distinta a las del electromagnetismo y de los rayos cósmicos, como los haces de neutrones, de neutrinos y de las diversas partículas asociadas con el protón, el neutrón y el electrón, y que entre ellas constituyen el átomo. Hoy, se utilizan con frecuencia rayos de estas partículas elementales, y se ha conjeturado que pueden producirse en el cosmos en determinadas condiciones.

En los últimos siete años se han descubierto estrellas compuestas de neutrones, y hay evidencia de estrellas, todavía más pesadas, que desaparecen para formar los huecos en el espacio que se denominan agujeros negros.

Las ideas acerca de la materia están siendo trastornadas, e incluso ciertos conceptos fundamentales biológicos están cambiando con tanta rapidez que ideas antes juzgadas como desorbitadas o esotéricas hoy son consideradas con seriedad.

Es difícil ver cómo podrían ser utilizadas estas potencialidades para el poder cerebral requerido en el logro del efecto Geller, pero como no se conoce acerca de la función cerebral, tampoco puede descartarse su posibilidad.

En otro plano de interés se encuentra la deformación producida en la muestra metálica. Existen varias conjeturas de cómo pueden producirse, aparte de la acción muscular directa.

Podría lograrse a través de un escalonamiento de temperaturas a través del metal, de tal suerte que una parte se caliente más que la otra. El lado caliente tendría mayor dilatación y ello produciría la curvatura.

Otra especulación se basa en el efecto de un producto químico capaz de penetrar en la superficie metálica y producir grietas que debiliten la muestra, causando la fractura. Esto no es del todo imposible, pues el sudor de las manos puede ser muy destructivo para el latón, por ejemplo.

Otra posibilidad es la de que se creen vibraciones en la muestra bien por contacto directo o sin contacto, por el campo de intencionalidad. Se ha demostrado que los efectos de vibración sobre ciertas materias suele ser muy intenso; incluso pueden producir un calentamiento en áreas muy pequeñas cuando el material es sometido a un trabajo intenso.

No es posible, pues, excluir la acción de unas fuerzas que por ahora resultan desconocidas.

En el siglo pasado se pensaba que todo había sido descubierto en la investigación científica; sin embargo, hoy se sabe que es un error, Einstein demostró de qué modo las definiciones de espacio y tiempo pueden quedar alteradas por grandes fuerzas gravitacionales.

La paradoja que ofrecen hoy los agujeros negros, especialmente la desaparición de la materia en el centro de estos objetos celestiales, revela un serio vacío en nuestro conocimiento de la gravedad. Dada tal incertidumbre, puede pensarse en el descubrimiento de nuevas fuerzas, y el efecto Geller puede constituir la primera indicación de su existencia.

## CONCENTRACIÓN DE RAYOS CÓSMICOS

Conocida la breve lista de posibles fuerzas capaces de contribuir en la generación del campo de intencionalidad del cerebro, sería conveniente analizar la modalidad de transmisión de la energía de sujeto a objeto.

El uso de los rayos cósmicos, dado su carácter no práctico, es prontamente eliminado. La motivación es aplastante, dado que la cantidad de energía que llueve sobre la Tierra es casi igual a la conducida por la luz de las estrellas, es decir, muy débil.

Para doblar una varilla de aluminio, como las habituales de los experimentos de Geller, se requiere una concentración de la energía de los rayos cósmicos diez millones de veces superior a la normal. Esto significa que toda la radiación cósmica que llega a un cuadrado de cien metros de lado habría de reunirse y concentrarse sobre la varilla. Cosa totalmente imposible.

Podría lograrse a través del enfoque de un campo magnético estático o eléctrico, pero no existen observaciones de tales efectos de campo en los sujetos mientras se produce el doblado.

Las mediciones del campo magnético jamás han revelado semejante cambio en tales fuerzas cerca de la muestra. Los electroscopios tampoco han revelado la presencia de ningún campo eléctrico estacionario de intensidad apreciable.

Campos mucho más intensos que los producidos naturalmente por la Tierra serían los necesarios para que se produjese este efecto, y por lo tanto también se debe descartar la idea de los rayos cósmicos enfocados por campos magnéticos.

La deformación por una diferencia de temperaturas, también debe excluirse. Para causar el doblado en forma de semicírculo de una varilla de aluminio de 10 centímetros de longitud y dos milímetros de grosor se necesitaría nada menos que 4.800 grados centígrados.

En la clase de muestras de deformación de los objetos tratados por Geller, del mismo grosor y hasta superior, exigirían temperaturas más elevadas. Además, no hay pruebas de un aumento simultáneo de temperatura observado en muestras tratadas por Geller, con lo cual se elimina todo mecanismo térmico.

Sin embargo, existe un calentamiento local capaz de causar ruptura de objetos metálicos, al ablandarse éstos hasta un punto próximo a la fusión. El análisis se hizo con una cuchara plateada que fue rota por Geller con rapidez. No se pudo observar en ella ninguna alteración del baño de plata cerca del punto de fractura, y por consiguiente se llegó a la conclusión de que no hubo aumento de temperatura superior a los 200 grados centígrados en la superficie de fractura.

Para obtener un reblandecimiento suficiente para iniciar la fractura por fusión parcial, se precisaría un aumento de temperatura superior a los 500 grados. Y prueba de que el calentamiento local no es la causa de la curvatura o rotura la aporta el examen de imperfecciones debidas a las propiedades mecánicas del metal: como el rasgado y la fractura.

## LOS METALES Y SU DISLOCACIÓN

Conviene ampliar esta cuestión de la estructura de los metales, porque es de considerable importancia para seguir la explicación del fenómeno Geller.

Los metales están formados por un enrejado, relativamente rígido, de átomos, cada uno de los cuales ha perdido un electrón. Las partículas resultantes, de carga positiva llamadas iones, constituyen una malla regular que se mantiene gracias a los electrones, de carga negativa, que se desplaza libremente entre ellos. El defecto más importante en semejante estructura es la presencia de una serie adicional de iones, imperfección que recibe el nombre de dislocación.

Es fácil comprender cómo se dobla un metal en términos del movimiento de estas dislocaciones a través del metal, cuando se aplica la presión. La región de iones adicionales viaja a través del metal con una facilidad mucho mayor que en el caco de que una porción del metal se deslizara a través del resto. También se crean nuevas dislocaciones cuando se emplea la presión, que permite más deformación del metal. Estas tienden a cruzarse en el camino de otras, con lo cual el metal empieza a adquirir mayor rigidez. Al final habrá tantas dislocaciones que se unirán, produciendo una pequeña grieta. Esta puede aumentar hasta producirse la fractura.

Existen dos tipos de fracturas: la quebradiza, en la que la ruptura es muy limpia, y la dúctil, en la que hay una plasticidad considerable del metal antes de partirse en dos.

La estructura de una pieza metálica no suele ser tan uniforme como se ha descrito; semejante regularidad sólo existe en los cristales. Los metales, por lo general, están compuestos de gran cantidad de pequeños cristales llamados granos, situados uno junto al otro.

Si un metal se calienta hasta llegar a su punto de fusión, los granos empiezan a unirse entre sí y con ello se vuelven mayores. Al propio tiempo, el número de dislocaciones queda reducido de manera que ya no interfieren en sus respectivos caminos. El metal, por tanto, se vuelve más blando y se dice que ha sido recocido.

Las imágenes microfotográficas de la superficie de la cuchara de plata que rompió Geller, no demuestran que se produjese ningún efecto correspondiente a un aumento de temperatura de 500 grados, suficiente para que apareciese el recocido. La fractura, en éste y similares casos, perece idéntica al doblar la cuchara hacia adelante y hacia atrás hasta romperla.

Esto no excluye un calentamiento localizado como causa de fractura en otras muestras. Existen ejemplos de ello, pero no en el caso de los efectos Geller.

LAS ONDAS ULTRASÓNICAS

Queda la posibilidad con la vibración como factor en el doblado de metales. Parece un mecanismo más plausible.

Ls vibraciones en una barra o cilindro de metal pueden ser creadas bien a lo largo o bien perpendicularmente a su longitud, y sólo pueden producirse a ciertas frecuencias naturales o longitudes de onda.

Con una varilla de acero de las mismas características que la de aluminio, sostenida por un extremo rígidamente, tiene su frecuencia más baja de vibración en 130 ciclos por segundo, y la siguiente de 800. Otras varillas tienen sus propias frecuencias, más o menos del mismo orden.

Si fuese posible imprimir a una pieza metálica una vibración a una de sus frecuencias naturales, entonces se introduciría en ella una energía que acabaría por deformar la pieza.

Este fenómeno de resonancia es muy conocido entre los constructores de puentes. Hay puentes que se han destruido porque sus constructores no tuvieron en cuenta esta característica. A los soldados, cuando van en formación, siempre se les ordena romper el paso al caminar sobre un puente, por temor a crear resonancia en él.

La resonancia no es el único ejemplo de un fenómeno de vibración capaz de causar doblado y fractura. Las ondas ultrasónicas (frecuencia por encima del nivel auditivo humano que es de 20.000 ciclos por segundo), han resultado de gran valor en los procesos metalúrgicos.

Las perforadoras ultrasónicas pueden practicar agujeros de todas clases utilizando una acción recíproca como la de la perforadora neumática. También es muy útil en materiales muy duros y quebradizos, como el vidrio y el germanio. Estas mismas ondas pueden ser causa de la llamada fatiga de los metales, y ésta es sometida a prueba también por aquéllas.

Estos fenómenos y otros muchos indican que las vibraciones ultrasónicas podrían ser una de las causas de la deformación que se produce en los objetos tratados por Uri Geller.

Como conclusión, puede afirmarse que hay numerosos mecanismos capaces de causar el doblado de metales, pero ninguno de ellos ha podido probar científicamente que esté asociado con el poder del fenómeno Geller.

Antes de concluir el capítulo convendría explicar dos importantes experimentos llevados a cabo con todo rigor científico de comprobación, realizados en junio de 1974 por Uri Geller.

En un despacho del King's College se habían preparado varios experimentos dedicados a medir la presión aplicada por Geller durante el doblado de metales. El aparato esencial para uno de los experimentos era una balanza del tipo utilizado para pesar cartas y paquetes, lo bastante sensible para medir pesos de unos cinco gramos.

Se pegó una tira de bronce de unos 20 centímetros de largo a la plataforma de la balanza. La parte mayor de la tira sobresalía de la plataforma, y Geller frotó su superficie superior mientras se medía (directamente leyendo la escala de la balanza, utilizando un dispositivo de registro automático), la presión que aplicaba.

Finalizada la prueba la tira había adquirido un ángulo de diez grados, aunque Geller no había aplicado más que unos 20 gramos de presión. Una presión tan pequeña no podía producir tal ángulo, pero la más extraordinario es que el doblado resultaba hacia arriba: contra la presión del dedo.

Mientras Geller realizaba este experimento se producía otro fenómeno no menos desconcertante: la aguja que indicaba la cantidad de presión en el pesa-cartas, también se dobló 70 grados. Esto no pareció perjudicar el funcionamiento de la balanza, pero sí hizo algo difícil la lectura en el indicador.

En la otra prueba aún se produjo algo más sorprendente.

El aparato era un pequeño cilindro incluido en una tira de aluminio de tal forma que un extremo del cilindro, cubierto por una diafragma sensible a la presión, estaba unido a la superficie de la tira. Al aplicar presión al diafragma, frotando la tira suavemente con el dedo, produjo una corriente eléctrica de una cantidad proporcional a la presión generada por un dispositivo instalado dentro del cilindro. Este dispositivo había sido utilizado con varios sujetos, pero no se obtuvo ningún doblado.

Con la experiencia de Uri Geller las consecuencias casi resultaron dramáticas.

Mientras mantenía la tira en una mano hizo que se doblara en el punto adecuado para que pudiera medirse la presión; no obstante, cuando se produjo el doblado, el mecanismo del cilindro dejó de funcionar repentinamente.

Tomado el aparato de manos de Geller, se comprobó que el diafragma sensible a la presión estaba estrujado. Un pequeño orificio aparecía en el centro y se extendía por toda la superficie hasta el punto de quedar el diafragma completamente desintegrado. Y todo ello en cosa de diez segundos.

Tras otros tres minutos la tira en la que el cilindro estaba incluido se había doblado 30 grados más.

El efecto Geller estaba bien comprobado, pero al coste de un valioso equipo.

El intento de influir sobre los objetos sin tocarlos proporcionó más información.

Geller mantuvo sus manos sobre un recipiente de plástico en el que se había colocado un pequeño cristal de fluoruro de litio; a los diez segundos, el cristal se rompió en varias piezas sin que Geller tocara el cristal. Durante todo el experimento hubo un espacio entre sus manos y el recipiente que contenía el cristal.

También retorció un pequeño disco de aluminio situado dentro de un recipiente de plástico, mientras se le mantenían sujetas las manos para evitar cualquier posible contacto o manipulación directa.

Trasladados a otra habitación para trabajar con nuevos aparatos, Geller trató de doblar una tira de cobre en la que había pegado un alambre muy delgado. La distorsión de la tira debía causar un cambio en las propiedades eléctricas del alambre, ya que podía medirse muy exactamente.

Geller no consiguió doblarlo tras varios minutos de esfuerzo y no se produjo ningún cambio significativo en las propiedades del alambre. Se interrumpió el experimento para tratar de medir la electricidad producida, y casi a continuación se dobló la tira y el alambre quedó roto.

Casi simultáneamente otra tira de bronce, situada al otro lado del laboratorio, también se dobló. Un instante después, otra pequeña pieza de bronce que estaba junto a la anterior, sobre la mesa, también siguió a su compañera hasta la puerta del otro lado del laboratorio. Todo había ocurrido a siete metros de donde se encontraba Geller con el investigador.

Apenas habían ocurrido estos fenómenos cuando el investigador, el doctor Taylor, del King's College, de Londres, se sintió golpeado en las piernas por un tubo de plástico en el que se hallaba encerrada y sellada una barra de hierro. El tubo había permanecido sobre la mesa de experimentación y se hallaba en el suelo con la barra doblada dentro de lo que permitía el recipiente.

Ante semejantes sorpresas se trató de comprobar nuevamente aquellos poderes y se pidió a Geller que tratara de hacer girar la aguja de una brújula colocada sobre una mesa estable, sin tocarla. Geller colocó sus manos sobre la brújula y logró una rotación de la aguja de 40 grados.

El doctor Taylor y sus dos compañeros, que observaban las pruebas, intentaron imitar a Geller sin lograr ningún movimiento de la aguja, ni sacudiendo la brújula.

Una vez más el doblado de metales por medios desconocidos tuvo lugar, y también la distorsión de otras materias. Incluso algunos objetos parecían haber volado por el aire, y una aguja de brújula estuvo girando sin intervención de ningún mecanismo visible.

Estos acontecimientos imposibles de comprender, habían sido presenciados y controlados, permitiendo ser estudiados con mayor rigor y detenimiento en otros sujetos que también los produjeron.

La hipótesis obtenida es que tanto el doblado de metales como otros fenómenos similares a la rotación de la aguja, son causados por campos eléctricos de baja frecuencia emitidos por diversas partes del cuerpo humano, y estos campos son amplificados por las tensiones que hay en los propios materiales.

Se han presentado pruebas en apoyo de esta hipótesis, pero aún no se precisa investigar el diseño de máquinas que puedan lograr los mismos efectos que las personas. Claro que los hallazgos obtenidos permiten confiar en que tales propósitos se alcancen algún día no muy lejano.

# 11

# Misterios del Tiempo y el Espacio en la ESP

UN SENSACIONAL libro titulado *Experimento con el tiempo*, fue publicado hace unos años por J. W. Dunne, lanzando la idea de que el tiempo es algo muy diferente a lo que nosotros creemos.

Por lo general se cree que el tiempo revela las cosas que pasan y oculta lo que está por venir, excepto los acontecimientos que se suceden por una concatenación lógica, fácil de adivinar.

Sin embargo, Dunne afirmaba que la gente puede ver en el tiempo un poco más allá de lo que generalmente se admite. Los fenómenos psíquicos son una demostración de la facultad natural de prever el futuro, porque la mayoría de la gente puede mirar "a la vuelta de la esquina" y observar la sucesión de determinados hechos o su configuración simultánea.

Algunos autores han objetado su teoría, porque la clarividencia, por ejemplo, no se limita a prever acontecimientos con una antelación de horas o días, como supone el autor, sino que opera sobre cursos de tiempos larguísimos.

Por espacio de milenios ha habido personas capaces de prever sucesos antes de que ocurrieran. Se han registrado innumerables casos. Ya en tiempos de los romanos, Plinio escribió acerca de individuos psíquicos que anunciaron tremendas catástrofes antes de que se convirtieran en realidad objetiva. En la Edad Media los que predecían el futuro lo hacían en términos religiosos para evitar ser quemados como herejes. Y en la actualidad, en el siglo de las luces, también hay gente que ve las cosas antes de que ocurran.

También existe otra forma paranormal de hacer adivinaciones, menos sobrecogedoras: no a distancia en el tiempo, sino a distancia en el espacio.

Uno de los precursores en predecir el futuro, experto en la lectura del presente y capaz de describir situaciones pretéritas de las que no se podía tener conocimiento alguno fue el ya citado Nostradamus.

Este físico francés habló en cierta ocasión de que "habría un gobierno de Inglaterra desde América", en un futuro más o menos remoto, después de una guerra desastrosa. El vaticinio se cumplió, pero lo más asombro es el vocablo *América*, que no existía en su tiempo. Américo Vespucio aún no había salido a escena.

El mismo Nostradamus describió el asesinato del rey francés Enrique IV. Citó por su nombre al asesino, un maestro de escuela, y la localidad donde se llevaría a cabo el regicidio, ocurrido 65 años más tarde. Cuando se hizo el vaticinio no nacía el asesino y el rey tampoco estaba instalado en el trono. Ni siquiera existía la probabilidad de saber quién sería rey, porque el trono de Francia se lo disputaban varios partidos.

Las asombrosas citas de Nostradamus —de ahí el que hoy aún se tomen en cuenta muchas cosas de su *Almanaque*— predijeron el submarino, la aviación y las bombas atómicas.

Entre otras famosas profecías figuran las de San Malaquías, referentes a la Iglesia católica. La madre Shipton, vidente inglesa, también predijo algunos acontecimientos mundiales con varios siglos de anticipación.

Ya en nuestros días se encuentra Jeanne Dixon, que se ha revelado como un caso asombroso de exactitud en la predicción. Y Arthur Ford también ha hecho cierto número de espantosas predicciones que se han convertido en realidad.

Existe una serie de elementos que están por encima y más allá del factor individual, que no pueden explicarse por la ley natural de la causa y el efecto, sino por la ley kármica, por la sujeción al encadenamiento de las acciones.

Existen unos poderes sobrehumanos que por razones frecuentemente no comprendidas y no aprobadas, disponen del hombre en formas distintas, según haya sido su actitud en épocas anteriores de la vida, tal vez en una existencia remota.

Estos sucesos no pueden conocerlos una persona psíquica a menos que ya se encuentren decididos antes de producirse la visión. Y si esos sucesos ya están decididos por alguien que no pertenece al mundo físico, ¿cómo es que no se prevén más que en casos excepcionales?

Existen dos respuestas a esta pregunta, según varios autores:

*Primera:* son muchas las visiones que no concuerdan con la realidad posterior. Son las visiones preventivas. Visiones "radiadas" que pueden llegar a su destinatario mientras en esa radiación no se interponga algún obstáculo que las desvíe. Sin embargo, la mayoría de las previsiones suelen ser sucesos que ocurren tal y como estaban previstos. No vale eludirlas, porque la razón de estas manifestaciones hay que buscarla en el orden natural, y no puede ocurrir ningún fenómeno psíquico contrario a las leyes naturales.

Ejemplos de esto se han explicado al hablar de la precognición. Nadie logra evitar el accidente, la muerte, de lo contrario sería falsa la predicción.

*Segunda:* los individuos pueden prever sucesos porque éstos se encuentran estacionarios; es decir, nosotros nos movemos hacia ellos, y no al revés. Quienes tienen el don de la clarividencia miran hacia el futuro y lo ven jaloneando de ciertas marcas, que son los llamados sucesos. No ven nuestras reacciones ante esas eventualidades, por depender de la libre voluntad.

En el orden kármico, si ese suceso ha de ocurrir se cumplirá inexorablemente, sin avisos ni comunicaciones de ninguna clase. Si se deja un margen de opción, entonces habrá alguna forma de prevenirlos y adoptar medidas; pero estas medidas dependerán de la actitud que se aporte ante esa realidad.

Al hablar, pues, del tiempo, empleamos un término flexible. Seguramente el tiempo no es más que una invención nuestra para tener regulada la vida en el mundo físico. Pero toda genuina experiencia psíquica se encuentra *fuera* del tiempo.

Este factor tiempo es precisamente lo que hace difícil a los médiums trabar comunicación con seres inmateriales, y a éstos describir el mundo en que viven: porque no existe tiempo en ese mundo. Esta carencia de tiempo se comprueba en muchas de las predicciones registradas a lo largo de la Historia: se sitúan hechos, que pueden ocurrir antes o después, se predicen acciones, sucesos, pero casi nunca, muy raramente, la fecha exacta en que algo sucederá.

A veces se establecen cálculos a través de ciertos indicios, pero siempre es algo posterior a la predicción, y como no se ha podido *concretar* ninguna fecha en relación con lo previsto, pese a la claridad de otros detalles, el tiempo falla. No es hoy ni mañana, sino un día en un momento imprevisto.

Por tanto, una vez aceptada la no existencia del tiempo en términos de realidad objetiva, ya no se pueden llamar sobrenaturales los fenómenos psíquicos. Si el tiempo es un ahora presente, mirar hacia el futuro es sólo cambiar de dirección. Nosotros debemos viajar por nuestro itinerario, detenernos al llegar a ciertas situaciones o hechos, reaccionar ante ellos y seguir hacia nuevos horizontes.

La fuerza misteriosa que rige todo, que se oculta detrás de este fluir constante, está ahí, rodeándonos, como un factor en el universo ajeno al hombre. Se le llama Dios desde el punto de vista religioso, pero en términos científicos se le considera una inteligencia superior, un ordenador que está actuando sin que nadie pueda precisar su emplazamiento. Por eso nadie puede escapar a su destino; un destino que forma parte del orden natural, dentro del cual se suceden las cosas en el universo.

Respecto al espacio, ya se han apuntado unos detalles al hablar de la desmaterialización. Cabe añadir que dentro de nuestros cuerpos físicos, los movimientos se ven restringidos de muchas maneras al no poder librarnos de la concha en que habitamos.

La materia no puede atravesar la materia. La distancia sólo puede abarcarse en términos de tiempo transcurrido. No obstante se dan casos de teleportación, transporte de objetos sólidos a grandes velocidades, casi instantáneamente o a través de otros objetos sólidos.

Esto suena a engaño o fraude. Está en abierta contradicción con la ciencia ortodoxa. Pero la visión de una figura de mujer vestida de negro tiene que ser una materialización, de lo contrario sería invisible a los ojos físicos. Sin embargo, esa materia que se ve caminar, escapa atravesando una pared, materia, que forma una barrera al cuerpo, materia, que la ha visto.

La desmaterialización de objetos sólidos ha sido presenciada por testigos. También se han establecido controles sobre materializaciones, obtenido huellas de algo que luego ha desaparecido.

Ningún científico podría hoy llevar a cabo nada semejante, aunque no se descarta la posibilidad de lograrlo en un futuro cuando los progresos en el estudio de la energía atómica hagan comprender mejor la estructura de la materia.

Por todo esto se deduce que la materia, incluida la de los seres vivos, no es una sustancia totalmente sólida. Se compone de pequeños impulsos de energía concentrada, unidos entre sí gracias a unos enlaces electromagnéticos, pero con mucho espacio vacío entre ellos.

En la desmaterialización no se disuelve ninguna sustancia sólida. Todo se reduce a aflojar el enlace entre esas partículas diminutas de energía, proyectarlas a gran distancia a través de campos electromagnéticos, e inmediatamente reunirlas de nuevo en su punto de destino, con la misma apariencia de solidez anterior.

Lo que parecía sólido no lo es en absoluto. Unicamente lo parece porque nosotros estamos constituidos de esa misma sustancia sólida.

# 12

# La Vida del Más Allá

Cuando se trata del tema de la vida futura —más allá de la muerte— lo más importante es probar que existe esa vida.

Si realmente existe una vida más allá de la muerte física, un mundo distinto, forzosamente existirá algún medio de comunicarse con él. Existencia y contacto son dos conceptos que van de la mano. Por consiguiente, al concretar la prueba de esa vida *post mortem* y la posible comunicación con quienes habitan ese mundo desconocido, conviene hacerlo de manera que excluya el fraude, la autosugestión, la adivinanza o cualquier otra explicación que no sea rigurosamente científica.

Hace falta recibir del supuesto difunto una prueba específica, comprensiva, de datos que guarden relación con un individuo determinado que haya muerto. Y esos datos no deben ser conocidos, consciente o inconscientemente por la persona que está al otro lado del canal comunicativo, sea un investigador o un cliente del médium que busca contacto.

Este rigor reduce considerablemente el ámbito de la prueba, pero se han registrado bastantes casos en los que, con normas tan rígidas, se lograron experiencias altamente demostrativas.

Los que pasaron a existir en otra dimensión, también están aprendiendo controles y contactos con nuestro mundo físico.

Las pruebas acumuladas referentes a la vida en el más allá son concluyentes y alcanzan una cifra considerable. Desde los tiempos remotos han existido personas que vieron u oyeron a sus difuntos siempre que *sintieron* la *necesidad* de establecer contacto con ellos.

La necesidad es el factor esencial para entablar los contactos. El muerto aparece o entabla contacto de manera audible si lo exige una verdadera necesidad; es decir, si en el mundo de los vivos hay una persona en apuros que requiere emocionalmente su intervención.

Son muy pocos los casos en que la comunicación se da sin una necesidad previa. Cuando ha ocurrido así, fue para expresar que hay una vida ultraterrena, que el difunto prosigue allí su existencia y que sobrevive a la muerte corporal.

Cualquier intento de comunicar inmediatamente con personas determinadas, casi siempre está condenado al fracaso. Su práctica no es aconsejable. Desde el punto de vista psicológico produciría pasmo si la tentativa da resultado, y si no, constituiría una total decepción.

Cuando se pretende comunicar con una persona determinada, lo mejor es abrir tantas puertas psíquicas como sea posible, confiando en que más pronto o más tarde llegará el mensaje deseado.

Las condiciones que exige esta clase de comunicación son muy complejas. No sólo influye el estado emocional a uno y otro lado de esa barrera invisible, sino también las condiciones atmosféricas, las condiciones físicas del médium y otros factores que todavía no se comprenden suficientemente.

El gran problema de la parapsicología radica en que no es una ciencia de laboratorio; por lo tanto no hay experiencias que puedan repetirse. Cada cuestión que se plantea y se resuelve, es un caso *único* que no sirve de pauta para los demás.

Y no puede ser de otra forma puesto que nos enfrentamos con la esencia misma de la vida humana. Entre los numerosos casos en que se ha producido una auténtica comunicación con gente del otro lado, las comunicaciones han sido *iniciadas por los muertos,* no por los vivos.

Abrir puertas psíquicas no significa, necesariamente, que a cada momento se esté consultando a un médium diferente. Es preferible una meditación a intervalos regulares, durante la cual sería concebible que pasara algo: cualquier cosa vale. Obtenida, puede recurrirse a un médium. Un buen psíquico nunca hace preguntas. Sólo confirma declaraciones hechas con un simple sí o no. Tampoco debe suministrársele detalles de ninguna clase.

Los muertos pueden comunicar de varias maneras. El contacto puede ser visual, auditivo o también tridimensional. La inmensa mayoría de estos fenómenos, si son genuinos, se producen de una manera espontánea, sin ser buscados ni esperados.

Hay casos en los que se han aparecido figuras a un observador que estaba completamente despierto, y luego se disiparon. ¿De qué medio se valen los difuntos para manifestarse de este modo? La pregunta es de lo más interesante, ya que no ha estado presente ningún médium. Tal vez puedan servirse de otra reserva de energía ectoplasmática. Estas comunicaciones inesperadas se hacen por cualquiera de estos motivos: para acabar una misión, una empresa que quedó pendiente en vida, bien por parte del fallecido, bien por alguien que le sobrevive y necesita su ayuda para llevarla a cabo.

A veces, estas misiones afectan lo mismo al vivo que al muerto, y ésta parece ser la razón más fuerte para que se entable tal clase de comunicaciones.

Suelen ser mucho más numerosas las apariciones en que el único objetivo es demostrar la prolongación de nuestra existencia en el más allá, sin más mensaje, que cualquier otro tipo. Los mensajes se sintetizan en una frase o en una acción idéntica a la que dijo o hizo por última vez el difunto.

A veces se dan casos en que la aparición no está motivada por una misión incumplida, ni la necesidad de probar la existencia de otro mundo, sino por el deseo de mantener una colaboración entre uno y otro lado de la barrera.

Según una serie de testimonios recogidos, a cuantos abandonaron esta vida gozando de buena salud mental les han sido encomendadas tareas de orientación. Deben orientar a diversas personas del mundo físico sin interferir en sus vidas, ni perturbar las derivaciones kármicas de sus actos.

Esta orientación debe darse de forma indirecta y no por medio de premoniciones, salvo en casos de peligro, que suelen permitirse.

En resumen puede decirse que el sistema de interrelación entre muertos y vivos está empíricamente evidenciado, aunque no aparece lo suficientemente claro desde el punto de vista filosófico. Sólo se conoce una fracción mínima de la ley natural que gobierna estas relaciones, siendo mucho lo que falta por aprender.

La supervivencia de la personalidad humana es la única explicación posible y plausible de la colaboración entre muertos y vivos.

Según la obra *Vida después de la muerte*, del profesor Holzer, quienes adviertan la proximidad de un difunto o su presencia por primera vez, deben exigirle una prueba irrefutable de su identidad: prueba contundente, eficaz, como el que proporcione datos sobre sí mismo que ignoren sus familiares pero que luego puedan comprobarse. Cualquier otra indicación, podría inducir a error o fraude.

Señala también el mismo autor que el aspecto que ofrece ese mundo del más allá es, en primer lugar, el de un mundo pensado. En él todos los pensamientos se convierten al instante en una realidad, y los pensamientos son los que pueden crear y destruir todo, menos los seres pensantes.

En segundo lugar, dicho mundo no se encuentra situado ni arriba ni abajo; no es el cielo ni el infierno, sino una capa más de nuestro propio mundo, coexistente en un mismo ámbito. Pero como ese mundo se mueve o vibra a un ritmo más rápido, no puede encontrarse con el nuestro ni hacerse visible, a excepción hecha de aquellos cuya mediumnidad les permite divisarlos al dejar sus cuerpos físicos.

El mundo de los espíritus, o de la mente, como lo llamó el profesor Rhine, se sitúa en escenarios familiares que sus pobladores recuerdan de su estancia en la tierra: casas, árboles, objetos de arte, instrumentos musicales, etcétera.

### PRUEBAS CIENTÍFICAS DE APARICIONES

Hace treinta años o poco más, si alguien hubiese hablado de pruebas científicas de duendes, todo el mundo habría fruncido el ceño o sonreído socarronamente. Porque los duendes eran personajes de los cuentos de hadas, que en las noches de frío se relataban al amor de la lumbre. Nadie tomaba en serio hacer investigaciones sobre ellos.

A finales del siglo pasado se empezó a suscitar en Inglaterra cierto interés por los duendes, y ha sido el país que los ha tratado con más respeto. Lo cual no es óbice para que existan en muchos lugares.

Pero, ¿existen en realidad esos seres tan extraños que llamamos duendes?

La respuesta es sí, porque en el concepto parapsicológico, un duende es la memoria emocional que sobrevive a una persona, muerta trágicamente o a resultas de un trauma. En el momento del óbito, la separación entre el cuerpo físico y la personalidad se ve impedida a causa de *shock* emocional, por lo que no se produce una transición normal de la vida a la muerte.

La idea de la muerte no se graba en el cerebro consciente del moribundo. Al contrario, la vida sigue existiendo en su mente sin que se dé cuenta de la realidad, porque no está en condiciones para ello.

Los duendes raramente se enteran de su defunción, aunque a veces notan que dejaron de ser lo que eran y de manera muy vaga se aperciben de que ha sobrevenido un cambio, que ciertas cosas no son lo que eran antes, pero nunca están plenamente enterados de lo que son realmente. Le sucede algo semejante a los enfermos psíquicos con su cuerpo.

Los duendes no son lo que se llama seres racionales. Son incapaces, en mayor o menor grado, de captar la realidad de su ser, de su existencia. No pueden valerse por sí mismos, ni viajar, ni dar un paso sin ayudarse. Dependen sola y exclusivamente de la ayuda que les venga de este lado de la vida, del lado físico, porque del llamado reino de los espíritus no pueden recibir ninguna ayuda: no han llegado allí todavía.

Los duendes viven en un mundo físico que no les corresponde. Sienten igual que los hombres, creen que son lo que eran y están sumidos en un mar de confusiones, porque no pueden captar la atención de otros cuya presencia, aunque débilmente, perciben. Ven que ya no pueden hacer ciertas cosas, ni tienen aptitud para levantar cierta clase de objetos.

Los duendes constituyen una excepción más que una regla, pero no son producto de la imaginación. No responden a ningún conjuro ni se puede hacer que vuelvan, por la sencilla razón de que no han ido a ningún sitio. No tienen nada que ver con los *revenants* franceses, que son pura invención. Los únicos que vuelven al mundo no físico son los que están normalmente en él, no los duendes.

Resulta difícil para un profano comprender que exista una diferencia tan clara entre apariciones de muertos y los llamados fenómenos fantasmales. Pero no son dos formas de fenómenos completamente distintas.

En el caso de las apariciones de muertos, existe libertad de ir y venir, libertad de manifestarse y, generalmente, plena facultad mental y emocional.

Con los duendes no sucede ninguna de estas cosas, porque son partes separadas de una personalidad, en posesión de los últimos momentos de vida, incapaces de recobrar la memoria hasta que logren, con la ayuda exterior, salir de ese estado de psicosis.

Existen muchos falsos conceptos acerca de los duendes, el más difundido se refiere al pavor que infunden. Pero sólo se aterran de ellos los que ignoran qué son realmente.

Los duendes son totalmente inofensivos por las razones que vienen apuntándose. Son una nulidad, lo mismo para su propio bien como para el mal de los demás; de aquí que se les conozca mucho como "almas en pena".

Sin embargo, ha habido casos excepcionales en que un duende ha matado a una persona de carne y hueso. Estas excepciones se deben al hecho de haber sido asesinada una persona y cuando el asesino vuelve al lugar del crimen, es reconocido por su víctima.

Un caso de estos sucedió en Filipinas, cuando un homicida regresó al sitio del crimen. Otro segundo caso, más reciente, ocurrió en la ciudad noruega de Trondhejm, en una antigua cátedra católica, hoy luterana. Un antiguo abad, que murió loco, ha sido visto en la galería superior del templo, y más de una vez intentó estrangular a algún visitante, confundiéndolo, quizás, con gente de tiempos lejanos.

Los duendes, por regla general, están completamente imposibilitados para tocar a los seres vivos, y menos aún para causar daño alguno. El miedo, por consiguiente, sólo es un factor de la fantasía humana. A los duendes sólo se les puede compadecer y ayudarlos.

Otra creencia errónea es que los duendes viajan y van siguiendo a las personas hasta su propia casa. Cuando un espectro es visto en un lugar que no sea el mismo edificio o su contorno habitual, se puede asegurar que no es un duende, sino un muerto aparecido.

Los duendes tampoco se aparecen al sonar las doce campanadas de la medianoche. El tiempo no existe para los duendes, por lo tanto lo mismo aparecen de día como de noche. Suele ocurrir que los habitantes de la casa tengan a ciertas horas una manera más sensible de percibirlo y esto hace que se suponga aparezcan a medianoche. La oscuridad también favorece las vibraciones psíquicas, mientras que por el día suelen ser interferidas por la luz blanca y el ruido. Pero realmente éstos son detalles sin importancia que sólo se deben al aspecto romántico de las novelas y de personas ávidas de emociones fuertes.

Las entrevistas realizadas con duendes en cientos de casas embrujadas demuestran que los duendes son pobres almas agobiadas por el mismo problema: las circunstancias que rodearon su muerte, una muerte que no quiere o no puede aceptar, aunque siempre está dispuesto a entablar diálogo.

La forma de dialogar con esa alma, es prestarle la voz del médium, escuchar su historia y así, el pobre ser, se siente descargado al relatarla y no tiene necesidad de repetirla constantemente. Su liberación se consigue como en el psicoanálisis. De todas maneras hay que advertirle, al final de su historia, que sus penas ya han llegado a su fin y que se ha terminado para él su situación de dolor.

La manera de decírselo varía, porque los duendes no son personas razonables y su primera reacción suele ser que están vivos y son víctimas de un engaño. No creen en su muerte desde el momento que están hablando con alguien y sienten el cuerpo del médium dentro del cual han sido inyectados.

Es una tarea larga y difícil convencerlos que están muertos y explicarles la realidad de su situación. Pero existen muchas pruebas de que se logra. Suele ocurrir que cuando se les ha convencido les surge otra inquietud: ¿Adónde ir? No conocen otro lugar donde trasladarse o temen el encuentro con otros espíritus no gratos. Sin embargo, una vez se les ha encarrilado hacia un oasis de paz en el que puedan manifestarse o reunirse con un ser querido, abandonan el lugar arrastrados por una fuerza misteriosa.

Se supone que entonces son proyectados dentro de ese mundo que verdaderamente les corresponde, pues se han transformado en formas pensadas, con libertad de desplazarse donde les apetezca, siempre que estén dispuestas emocionalmente.

Para demostrar la existencia de los duendes se ha utilizado el método de contar con testigos de confianza, que han ido acumulando datos personales recogidos por todo el mundo. Datos que al parecer estaban desconectados entre sí, pero que confirmaron la conclusión de que los duendes existen. El examen de las pruebas suministradas por testigos dignos de crédito han dado un informe de inapreciable valor.

Sin embargo, hoy ya existen pruebas concluyentes con las fotografías psíquicas, y los duendes han sido fotografiados y filmados. Esto representa un paso importante hacia la demostración de que los duendes son realidades objetivas.

La representación fotográfica de los duendes ha descubierto que consisten en unos campos electromagnéticos confinados a zonas muy reducidas, capaces de movimientos limitados, pero incapaces de abrirse camino por sí mismos a cualquier zona vecina.

Estos campos electromagnéticos contienen estímulos memoriales que se proyectan continuamente en el vacío. Están dotados de voluntad, quieren experimentar cambios en sus reacciones ante las personas que los rodean, aparecérseles desde ángulos diversos. Lo cual no significa que los fantasmas tengan libertad de actuar como seres humanos normales, sino que tienen una posibilidad, aunque muy limitada, de movilidad y de variación.

Los autores versados en duendes hacen hincapié sobre lo expuesto porque así pueden distinguirse dos clases de fotografías psíquicas: la del individuo que atraviesa por un trance emocional, en el mismo lugar donde le sobrevino una tragedia, y la de una huella del pasado, sin vida ni personalidad, sin movilidad ni variación.

A veces resulta difícil distinguir un caso de otro, pero las experiencias llevadas a cabo en los últimos años ofrecen toda una pauta que facilita las cosas.

Para descubrir una huella del pasado es preciso que sea vista por varios individuos y en varias ocasiones sin que se descubra ninguna variación. Pero si existen variaciones, quiere decir que se trata de una presencia real, de una persona.

El diez por ciento de todas las apariciones de que se tiene noticia, son duendes verdaderos; el noventa por ciento restante, son huellas sin ninguna presencia viva.

Para fotografiar a un duende se requieren, además de gran habilidad, una serie de condiciones psíquicas dignas de tener en cuenta. No se puede enfocar a un fantasma como a un ser vivo. Todas las fotografías psíquicas se han obtenido accidentalmente, sin ser planeadas ni provocadas.

Sin embargo, se consiguieron éxitos teniendo en cuenta estas condiciones:

*Primero*. El lugar debe ser donde se produjo el hecho causante de la alucinación, y el duende seguir allí, dando señales de actividad;

*Segundo*. En el lugar debe estar presente un médium "fotográfico", cuyo cuerpo ha de poseer el aparato bioquímico necesario para lograr el fin perseguido. La verdadera cámara es el cuerpo de ese médium. El aparato fotográfico sólo es el toque final. Sin el médium especial la fotografía psíquica será infructuosa;

*Tercero*. Hay que enfocar en la justa dirección, en el justo ángulo y a su debido tiempo.

Siendo los espíritus seres bidimensionales se prestan, teóricamente, a toda clase de fotografías y desde todos los planos, sin limitación. Lo peliagudo es llevarlo a la práctica, pues no todas las personas son decididas para hacerlo.

Cuando se encuentra uno en un lugar poblado por un fantasma, lo práctico y positivo es exponer dos o tres rollos de película en cada dirección, dentro de la supuesta área fantasmal, provocada por el médium que posee la adecuada dosis bioquímica.

Esta no es la misma clase de experimentos que los denominados "Polaroid", que se hacen con proyecciones pensadas de los que se ha dado en llamar espíritus, que pueden controlarse mucho mejor. Lo que ahora se intenta es sacar imágenes proyectadas desde otra dimensión; y existen muchos testimonios fotográficos que prueban que eso es factible.

Una película blanca y negra de gran sensibilidad a la luz; una película de alta velocidad y granulado muy fino, es la que suede dar mejores resultados. Las pruebas con infrarrojos sólo tienen utilidad en experimentos de materialización, es decir, emanaciones físicas, tridimensionales; por lo demás, la película infrarroja, resulta demasiado lenta.

### REENCARNACIÓN Y SUBCONSCIENTE COLECTIVO

Con frecuencia los psicólogos y psiquiatras hablan del subconsciente colectivo como si se tratase de algo localizado a voluntad. Para muchos individuos constituye la respuesta a muchos sucesos psíquicos, que no pueden explicarse de otra manera.

Carl Jung definía el subconsciente colectivo como un estado o dimensión en el que existe un almacén de conocimientos acumulados por personas que pasaron sucesivamente por esta vida y emigran al más allá.

Edgar Cayce mencionó los llamados "Registros Akáshicos", guardados en un lugar invisible, registros en los cuales se ha escrito todo sobre nosotros, nuestro pasado y nuestro futuro.

Los registros akáshicos se comparan, en cierto modo, al concepto de mente mundial o de subconsciente colectivo. Sin embargo, el mecanismo de la reencarnación no encaja en el concepto de un subconsciente colectivo del que se pueda extraer lo que se quiera, pero sí va con la idea de los registros akáshicos.

La reencarnación es un misterio que ha fascinado al hombre desde los albores de la humanidad. La religión más antigua, la hechicería de la Edad de Piedra, ya aceptaba la idea de la reencarnación.

El hombre veía sucederse la primavera, el verano, el otoño y el invierno en perfecto orden. Observaba que las plantas morían en invierno para volver a brotar en primavera. Y se preguntó si tal vez su vida no atravesaba un ciclo semejante.

La reencarnación como tema didáctico fue desterrada de las culturas occidentales hasta el siglo XIX, en que tomó incremento el interés de los intelectuales por la filosofía oriental, que pone por encima de todo la existencia del concepto del karma.

El karma y la reencarnación han ido cogidos de la mano. La ley kármica sólo es la aplicación estricta de un sistema en el cual los propios actos de una persona son los que determinan su destino.

Esto no tiene nada que ver con el concepto de pecado o culpa que predicasen distintas confesiones religiosas occidentales. Una persona puede cometer errores involuntarios, los cuales se acumulan en el karma, causa determinante de la suerte o destino de una persona. Si ese destino es adverso, la persona puede sustraerse de él durante la próxima reencarnación, poniendo en práctica las enseñanzas recibidas en su vida anterior.

No conviene confundir la reencarnación con otro fenómeno muy parecido que se conoce por la expresión francesa *déjà vu*, ya visto, y que los psiquiatras conservadores definen como "puerta de acceso a una falsa memoria".

La mayoría de las experiencias del *déjà vu* demuestra que no se trata de una cosa *vivida* antes, sino de un conocimiento tenido con mucha anticipación; es decir, una especie de mediumnidad precognitiva. Una persona puede tener la impresión anticipada de una situación de un lugar, de una persona, y cuando el hecho pasa a ser una realidad, la mente se retrotrae inmediatamente a la precognición. Se sabe que esa situación se vio y se conoció antes, pero no se sabe cuándo se vio y se conoció por primera vez. La impresión original está sumida en el subconsciente. Es como si se hiciese una predicción, se olvidara y al cumplirse recordara haberla hecho.

Cuando esto sucede se sufre una impresión aterradora, o por lo menos inquietante, como si algo se desprendiese de la propia personalidad. Parece como si se hubiera ausentado el tiempo y por breves momentos se estuviera fuera de la corriente del tiempo.

Son numerosos los casos de *déjà vu* que han sido comprobados; pero esta impresión precognitiva debe distinguirse de una auténtica reencarnación. Sólo un diez por ciento de los casos corresponden a la verdadera reencarnación.

Cuando se sueña o se recuerda haber estado en algún sitio, pero no tal cual es ahora, sino como una persona distinta, conviene dar datos específicos que a la hora de constatarlos arrojen una elevada cifra de veracidad. Impresiones de sitios, nombres, fechas y situaciones, a cuya información jamás tuvo acceso.

Los sueños reiterados son como mensajes que quieren aflorar a la superficie. Si tiene sueños que son exactamente los mismos, de una manera reiterada, y si el mensaje que contienen se vuelve más apremiante cada vez, probablemente todo sería obra de algún fenómeno reencarnativo.

Si sólo pasa como un relámpago por su mente la idea de haber sido otra persona y haber vivido en otra parte, donde sea, valdría la pena dilucidarlo por medio de la hipnosis. Pero si no ha experimentado ninguna sensación, déjelo. No vale la pena ponerse bajo influencias psíquicas. El resultado sería nulo o desproporcionado.

Las memorias reencarnativas parecen ser la excepción más que la regla. Se suscita el recuerdo de algo vivido antes, cuando ese algo fue un mal. Quienes lo recuerdan no están bajo la influencia de la ley kármica, la cual nunca les hará retroceder del futuro al pasado para obtener información y sacar provecho de ella.

Cuando uno ha dejado de existir en forma no natural, o a edad temprana, o violentamente; cuando la vida se le corta o interrumpe fuera de sus cauces normales, sin alcanzar la plenitud, es cuando se dan estas situaciones circunstanciales, estas evocaciones relámpago en la segunda encarnación, en el segundo transcurso de la vida.

Estos casos deben indagarse por medio de la hipnosis, que aumentará los datos poseídos. Ahora bien, la hipnosis remueve los obstáculos del estado consciente y quizá, también suprima ciertas inhibiciones, como las relacionadas con asuntos embarazosos o molestos.

En la hipnosis regresiva, el hipnotizador debe inquirir todo lo que pueda, cuanto más mejor, pero no discutir los resultados con el sujeto mientras no se concluya la investigación. Estos resultados se estudian después en la forma acostumbrada; es decir, hallar datos correctos que el sujeto no haya podido conocer y a los cuales nunca haya tenido acceso.

Sólo entonces se está ante un caso de genuina reencarnación.

La reencarnación y el concepto kármico de la vida vendrán a ser el procedimiento más lógico para comprender el misterio de nuestra existencia. Si la reencarnación es un hecho, y muchos así lo creen, conviene dar a la vida actual un sentido muy diferente. La muerte ya no es el fin y lo que ahora vivimos sólo es una experiencia, una lección. Cada paso dado en esta etapa debe ser juzgado y apreciado en la siguiente, desde un plano superior y más ventajoso.

Por consiguiente, no se debe obrar al dictado de esta sociedad, sino según las propias convicciones: haciendo lo que parece justo y sin causar daño a los demás.

Esta es una manera de aceptar el mal, la desgracia y el desengaño como parte de una evolución de la personalidad que avanza por sus pasos contados. De una etapa se salta a otra, de ésta a la posterior y así sucesivamente.

Todos formamos parte de ese sistema que nos ha sido impuesto y no se puede alterar. Ahora bien, dentro del sistema, lo que hagamos individualmente en cada una de sus fases, eso sí es obra del libre albedrío.

Olof Jonsson aseguraba creer que el alma se trasladaba a una dimensión superior. En ella, el alma nace como espíritu, no como cuerpo. En nuestro plano de la existencia acostumbramos a identificar a una persona por su cuerpo, pero no es necesaria una estructura corporal en una existencia superior. El plano material de la existencia que vivimos sólo es un momento de nuestras vidas reales. Lo que se trata de alcanzar no es nada de orden material. Sólo se busca la armonía y la fusión con la Gran Mente y su completo conocimiento del universo.

# 13

# El Futuro de la Parapsicología

LA PARAPSICOLOGÍA, como cualquier otro descubrimiento científico, se plantea la más inquietante y lógica pregunta: ¿Qué beneficio reporta a la humanidad?

Si esta pregunta no estuviese en el aire desde el primer día, y sobre todo en la actualidad más imperiosa, tantas experiencias de laboratorio, tantas comprobaciones científicas realizadas a los numerosos sujetos psíquicos que han existido, no constituirían la constante de todo ser ávido de progreso.

El deseo de hallar una aplicación práctica en cualquier campo científico de los hallazgos de la parapsicología, es lo que induce a todos a un estudio constante de tantos experimentos y pruebas.

Las cualidades descubiertas hasta ahora solamente dentro de la ESP, indican que este nuevo sentido es capaz de ampliar muchísimo las capacidades perceptivas del hombre, sobre todo cuando fracasan los sentidos normales.

La adquisición de la ESP puede tener una importancia revolucionaria y traer ventajas tan eficaces o más que las ofrecidas por los sentidos normales. Esto ha motivado que muchos de los científicos que se han dedicado a su investigación y estudio propusieron diversos métodos para alcanzar algún grado de percepción extrasensorial. Algunos se han citado a lo largo de este libro y cada uno de ellos tiende, como fin último, a desarrollar la percepción sensorial con ejercicios prácticos, como el tratar de adivinar la fecha del cumpleaños de una amiga, o lo que ésta ha estado haciendo durante el día. También se pueden tirar los dados y tratar de adivinar qué número saldrá. Se pueden servir cartas al azar, hacer que las pongan boca abajo y tratar de adivinar cuáles son.

Existen muchos ejercicios mentales que ayudan a desarrollar la percepción extrasensorial, pero al llevar a cabo cualquiera de ellos conviene relajarse, borrar todos los pensamientos de la mente, alcanzar calma y paz para centrarse en el ejercicio a desarrollar.

Uno de los sencillos métodos para obtener esta calma y esta disposición óptima, se basa en llenar un simple vaso de agua y ponerlo en la mesa ante el neófito. Este debe mirar fijamente el agua durante cinco minutos, borrando todos los pensamientos de su mente. No hay que pensar en nada, sólo mirar al agua. Cuando se sienta que se ha alcanzado la condición adecuada, se puede practicar tratando de adivinar cartas de una baraja ESP, o cartas de Zener.

El vaso de agua no es más que un objeto físico que sirve para enfocar la atención y permitir que el subconsciente se sobreponga al consciente. Cuando se ha aprendido a dejar en blanco la mente consciente, concentrando la atención en el vaso de agua, se encontrará cada vez más fácil ascender al estado alterado de la consciencia, preciso para efectuar el ejercicio de las facultades psíquicas.

Con la posesión de condiciones ESP ya sólo hace falta deja correr la fantasía y comprender las amplias posibilidades de aplicación, en las que entra una larga serie de sugerencias totalmente realistas: puede sustituir la visión de un ciego, buscar objetos perdidos, personas desaparecidas, viejas reliquias culturales y otros muchos campos.

Un área muy popular en la que se ha intentado su aplicación muchas veces, y no pocas con cierto éxito, es el diagnóstico clarividente. Dolencias descubiertas a través de la ESP, información sobre los procesos en el organismo que de otra manera requerirían exámenes muy complicados. Incluso podría apreciarse mejor el futuro progreso de una enfermedad y sugerir eventual medicación. El uso de la ESP sería valiosísimo en la prevención de enfermedades que pudieran descubrirse en sus etapas iniciales.

Respecto al área de aplicación policiaca, ya se ha dado detalle de algunos casos. La aplicación de esta facultad paranormal ya se empleó en 1692 por un zahorí francés, Jacques Aymar, que se hizo famoso rastreando las huellas de un asesino.

El profesor Tenhaeff ha dedicado muchos esfuerzos al estudio de la ESP con propósitos policiales, en muchos de los cuales intervino el psíquico Croiset, como en el caso de un niño perdido en agosto de 1953.

El pequeño, de diez años, había salido una tarde a jugar con sus amigos. Al llegar la noche no había regresado y sus padres avisaron a la policía. Tres días más tarde no se habían encontrado huellas suyas. Un tío del pequeño fue a consultar a Croiset, quien manifestó que el niño había muerto ahogado. Dio una serie de detalles y aseguró que el cuerpo aparecería unos días más tarde en otro puerto. Se confirmaron todos sus vaticinios.

Tenhaeff cita una serie de casos en los que los psíquicos proporcionaron una serie de datos valiosos para el hallazgo de objetos perdidos, personas, e incluso aclarado crímenes. Pero aún queda la aplicación de las comunicaciones a larga distancia, como los experimentos de Mitchell y Jonsson desde el espacio, también realizados por la URSS en sus experiencias espaciales.

La telepatía también sugiere la práctica pedagógica. Se ha demostrado que el factor ESP se encuentra presente en una clase escolar y el maestro puede influir en sus alumnos, no sólo durante el proceso de la enseñanza, sino mediante la transferencia de conocimientos.

La hipnosis ya es empleada para el aprendizaje rápido de idiomas. Y se considera que el factor ESP podría llevar a un rápido conocimiento de todas las ramas de la ciencia, si se piensa que la comunicación verbal pronto será incapaz de contender la vasta cantidad de información que se está acumulando.

El filósofo ruso Tugarinov está trabajando sobre esta teoría que considera beneficiosa para los científicos e incluso para los estudiantes. Sería una eficaz forma de comunicación basada en la telepatía.

El parapsicólogo Kazhinski, también vislumbró las posibilidades de la telepatía en la formación del carácter de los alumnos y en lo que él denominaba reeducación de los individuos antisociales.

Sin embargo, y como en todo, no faltan detractores; personas que piensan en el inmenso poder del factor ESP, tan útil para usos benéficos, como la energía termonuclear, y tan destructivo si se emplea para abusar de las personas llevándolas a actividades contrarias a sus obligaciones o consciencias: igual que las bombas H.

Por suerte, hasta ahora los fenómenos paranormales no son más que eso: fenómenos. Casos aislados, experimentos de éxito, pero con un largo camino a recorrer desde la primera detección del fenómeno hasta su aplicación tecnológica. Tan largo como ese estudio que hoy se hace con Uri Geller, Esta es la razón del gran contraste que existe entre las vastas potencialidades de la ESP y su actual ineficacia.

Sin embargo se espera de la parapsicología una gran ayuda para el hombre racionalista de hoy; una ayuda que contribuya a levantar una nueva visión científica del mundo, más perfecta y más completa. Porque sin duda, lo que la humanidad necesita en estos momentos de agitaciones ideológicas y sociales, es un conocimiento nuevo adquirido sobre esferas más altas en las que el hombre reconozca los más altos principios cósmicos y aprenda a vivir en armonía con ellos.

El orden de la Naturaleza y la armonía cósmica del universo señalan que todas las formas de la existencia poseen significado, nada se produce al azar. Es absurdo creer que sólo el hombre debe excluirse del orden y la finalidad del universo.

La utilización de estas facultades jamás debe tentar al sabio a edificar una religión con los dones espirituales que han sido concedidos a todos los hombres. El conocimiento de estas facultades debe servir para dar al interesado y al receptivo un brillante faro que le ayude a encontrar su camino hacia la armonía común.

Lo que rige la vida del hombre no es la química, la física ni nada material, sino el vínculo espiritual que lo une a los poderes de su propia psiquis y a la armonía que gobierna en el universo.

FIN

# ÍNDICE

1. La parapsicología ......................................... 7
2. Diferencia entre parapsicología, ocultismo y espiritismo ....... 19
3. Fenómenos parapsíquicos ................................... 29
4. La percepción extrasensorial y sus formas ................... 45
5. Los médiums ............................................... 59
6. La investigación de la ESP ............................... 71
7. Desarrollo de las facultades de la ESP ..................... 83
8. Experiencias en la Unión Soviética ........................ 111
9. El fenómeno Uri Geller .................................... 121
10. Las fuerzas de la naturaleza .............................. 133
11. Misterios del tiempo y el espacio en la ESP ................ 151
12. La vida del más allá ...................................... 157
13. El futuro de la parapsicología ............................ 173

Edición 2,000 ejemplares
JUNIO 1996.
IMPRESORA LORENZANA
Cafetal 661
Col. Granjas México